中学生心理健康教育主题课程设计系列丛书

主编　蒋薇美

中学生心理课
生涯发展

廖丽娟　周隽　编著

中国轻工业出版社

图书在版编目（CIP）数据

中学生心理课. 生涯发展 / 廖丽娟，周隽编著. —北京：中国轻工业出版社，2015.2（2025.3重印）
（中学生心理健康教育主题课程设计系列丛书）
ISBN 978-7-5184-0059-1

Ⅰ. ①中…　Ⅱ. ①廖…　②周…　Ⅲ. ①中学生－心理健康－健康教育　Ⅳ. ①G479

中国版本图书馆CIP数据核字（2014）第266011号

责任编辑：戴　婕　　责任终审：杜文勇
策划编辑：阎　兰　　责任校对：刘志颖　　责任监印：吴维斌

出版发行：中国轻工业出版社（北京鲁谷东街5号，邮编：100040）
印　　刷：三河市鑫金马印装有限公司
经　　销：各地新华书店
版　　次：2025年3月第1版第4次印刷
开　　本：710×1000　1/16　印张：12.5
字　　数：108千字
书　　号：ISBN 978-7-5184-0059-1　定价：28.00元
读者热线：010-65181109
发行电话：010-85119832　010-85119912
网　　址：http://www.chlip.com.cn　http://www.wqedu.com
电子信箱：1012305542@qq.com

250306Y2C104ZBW

总　序

《中小学心理健康教育指导纲要（2012年修订）》指出心理健康教育的总目标是：提高全体学生的心理素质，培养他们积极乐观、健康向上的心理品质，充分开发他们的心理潜能；促进学生身心和谐可持续发展，为他们健康成长和幸福生活奠定基础。而“利用地方课程和学校课程开设心理健康教育课”是开展心理健康教育的重要途径，“心理健康教育课应以活动为主”。

如何利用学校的课堂阵地对学生进行心理健康教育指导，如何提高心理健康教育课的质量已成为急需解决的问题。《中学生心理健康教育主题课程设计系列》是教师们近20年的实践探索经验和成果的总结。

《中学生心理健康教育主题课程设计系列》的编写，以中学生成长发展的特点和需求为基础，重点围绕自我意识、人际交往、学习适应、情绪管理、生涯规划和生命意识等方面而展开，形成了《情绪辅导》、《生涯发展》和《综合篇》共三本系列丛书。参与本系列丛书撰写的作者，大多数都是心理学专业毕业的、学校心理健康教育的专职心理教师。他们对中学生的心理特点与需求、对青少年成长过程中可能遇到的困惑和问题，有深入详尽的了解，有具体有效的指导，从而积累了丰富的经验，形成了创新的课例。该丛书的出版凝聚了教师们的睿智和辛劳，是集体智慧的结晶、实践成果的汇集、教改成效的展现。

一堂优质的心理健康教育课，不是落实知识的清楚讲授，而是追求学生的感受强烈；不是强调学生的认真听讲，而是引导学生的积极参与；不是检查学生的认知掌握，而是促使学生的思考感悟；不是根据老师的主观设计，而是符合学生的需求兴趣。因此，一堂优质的心理健康教育课要体现的是目标的清晰、内容的贴切、方法的适合、氛围的感染、心灵的触动。而这一切在丛书的编写中，都表现得淋漓尽致，希望能对教师们有所帮助和启迪。

丛书围绕各个专题，分别从教学背景、教学设计、教学反思、教学建议和教学资源方面提供了详尽的内容。

在“教学背景”中，重点介绍分析了学情，根据中学生的心理特点和现状，提出了一些学生的困惑和需要解决的问题；“教学设计”部分提供了较为详细的教案，这些教案都在实践运用中取得了较好的效果，每个教案都包含教学目标、教学对象、教学准备和教学过程几部分，具有可操作性的特点，供教师选择和运用；“教学反思”总结了教师在上课中的感受和发现，提出了本教案的亮点与不足之处，提供教师思考和借鉴；“教学建议”的主要内容包括重点活动把握和实施建议说明，旨在让教师在备课过程中，对目标有清晰的了解和定位，对活动的开展有明确的思路和把握；“教学资源”部分是结合专题的内容、活动的开展，摘录了一些供老师和学生课堂运用的资料、故事、阅读书目等共享资源，希望能给老师有效的帮助。

建议教师在使用本丛书时，紧密结合本校学生的特点和实际需求，有选择地使用，切忌生搬硬套，更希望有自己的创新。希望通过本丛书的阅读和使用，能利于教师的学习和提升，观念的更新和把握；能利于教师清晰理解编写意图，提升心理课的质量和效果；能利于教师熟悉学生的心理特点和需求，提高心理课的针对性和有效性；能利于教师准确把握活动的意图和目标，规范操作提供的各种活动。

本丛书作者对心理健康教育课的实践和研究，始于20世纪90年代中期。近20年的探索，他们经历了一个漫长而艰辛的摸索过程：从对心理健康教育课的“一无所知”到“理解透透”、从心理健康教育课教材的“一片空白”到“硕果累累”、从对心理健康教育课教法的“一知半解”到“经验多多”。作者愿意借此丛书的编写出版，与大家分享我们的感受与体会，提供我们的经验与成果，希望能对教师们有所启发和帮助。

作者实践和探索还在继续，还要深入。作为一门新的课程研究，作者还有许多不足的地方，需要去提高。由于时间仓促，水平有限，会有不尽如人意之处，恳请学术界前辈、专家和同行批评指教。

蒋薇美

2014 年 10 月于上海

前言

提到生涯规划辅导的话题，我想还是先跟大家讲讲我自己的经历吧。

21 年前的这个时候，我正值高三，在用功读书的时候，也会考虑我要考什么大学什么专业的事情，用现在的话来讲就是我在对自己进行“生涯规划”。其实我不知道该怎么去规划，我的家长和老师也不知道如何规划，我们知道的就是根据我平常的分数选大学，至于专业，熟悉的就问问人，不熟悉的就看看大学的招生简章吧。那时没有电脑，更谈不上到网上 Google、百度一下。我们获取信息的方式除了报纸就是道听途说。当时我的第一志愿是重庆大学的工业外贸专业（因为我很喜欢英语，但理科生却不能报考英语专业，只好找了一个跟英语有点儿搭边的专业，想“曲线”学习英语）。而提前录取志愿总不能空着吧，军校我视力不过关，北大、复旦当时学制五年，我又不想多浪费一年，那就只剩师范院校了。不知道从哪里听说到“心理学”这个专业，觉得不错，就想填上。一个同学说他认识的一个人心理系毕业后去教哲学，这把我吓得不轻。我是最怕文科的东西，罢了罢了，大笔一挥，删掉。那么总还要选专业吧，爸爸说“学校教育”看上去不错（看专业介绍的感觉）。我当时觉得自己也就是能上重庆大学的分数，提前录取的志愿也就没有多加考量。没想到那年我考得很好，直接就被重庆大学“学校教育”录取了。

进了大学，我才发现这个“学校教育”隶属“教育系”，是个文科系，学的东西不是很对我的胃口。因为那时没法转专业，所以我不能埋怨。当时我只有一个想法，不管我喜不喜欢这个专业，为了将来毕业好找工作，我的成绩可不能差。所以我一边认真读书，拿好分数拿奖学金；一边在专业学习中培养自己的兴趣，开始侧重学习英语和心理学，思考我将来可以做什么。大学毕业后我凭借优秀的成绩被市重点中学相中，认真教了三年政治，后来转做心理教师，再后来去攻读心理学硕士，从此开始了心理专业教师的职业生涯。而这些，离我当年删掉“心理学”那个专业，已经过了九年的时间。

啰唆了这么多，我就是想说，生涯规划不是万能的，但没有生涯规划是万万不能的。将生涯规划当作寻找工作的工具，那又太狭隘。它其实是我们的一种生活方式。它不是要我们按图索骥，而是给面临选择的我们提供一种思考。借由它，笔者倾听自己的内心，知道自己是谁，自己想要什么，自己可以做些什么；借由它，我们不会盲目地跟随大流，而是会寻找适合自己的方向和方式；借由它，即使道路崎岖，心里仍充满向往；借由它，我们从自己的付出中获得满足、获得成就。

无论你我，都在生涯规划的路上。

本书撰写分工如下：第一、二、六、九、十、十一章由廖丽娟撰写，第三、四、五、七、八章由周隽撰写。全书由蒋薇美统稿和定稿。

虽然笔者竭尽所能，但由于经验和阅历的有限，本书肯定会存在瑕疵，各位同仁如有任何想法和建议，请批评指正。

周　隽

2014 年 2 月于上海

目 录

第一章

生涯规划辅导概述

在这一生无数次敲打我们灵魂的问题就是：“我要过一个怎样的人生？”因为这个问题的敲打，几乎每个人都曾经如哲学家一样思考下面这些问题。

1. 为什么要读书？

孩子：妈妈，为什么要好好读书啊？

妈妈：因为好好读书就能考上好的大学啊？

孩子：那为什么要考上好的大学呢？

妈妈：因为考上好的大学就能找到一份好的工作。

孩子：那什么是一份好的工作呢？

妈妈：当然是能赚很多很多钱的工作啊！

孩子：赚钱有什么意思啊？还不如学足够的本领到宇宙去飞飞、看看！

……

2. 为什么要考大学？

学生：为什么非要考大学啊？您看研究生还不照样卖猪肉！

老师：不考大学你去卖猪肉就只是卖猪肉的，但考了大学你就是卖猪肉的大学生。

学生：这有区别吗？还不都是卖猪肉的。

老师：关键不是卖猪肉，关键是后面的定位！没有人是为了卖猪肉而活着，但人人都为自己想做的人而活着！你想怎么定位自己？

……

3. 为什么要赚钱？

富翁在海滨度假，见到一个垂钓的渔夫。

富翁：我告诉你如何成为富翁和享受生活的真谛。

渔夫：洗耳恭听。

富翁：首先，你需要借钱买条船出海打鱼，赚了钱雇几个帮手增加产量，这样才能增加利润。

渔夫：那之后呢？

富翁：之后你可以买条大船，打更多的鱼，赚更多的钱。

渔夫：再之后呢？

富翁：再买几条船，开一家捕捞公司，再投资一家水产品加工厂。

渔夫：然后呢？

富翁：然后把公司上市，用赚来的钱再去投资房地产，如此一来，你就会和我一样，成为亿万富翁了。

渔夫：成为亿万富翁之后呢？

富翁：成为亿万富翁，你就可以像我一样到海滨度假，晒晒太阳，钓钓鱼，享受生活了。

渔夫：可是，我现在不就是在晒太阳、钓鱼、享受生活吗？

为什么读书？为什么考大学？为什么赚钱？最终的答案都会回归到我们想要过一个怎样的人生。也就是说，你希望怎样发展你的生涯，进而活出高质量的生命状态。

正如当代著名的职业心理学专家 Lesman 所说的："生活的目的不是开心，而是因为它很重要：应该有所产出，有所作用，活出生命的意义。"

一、关于生涯发展

（一）生涯发展和职业相关概念

生涯发展的核心内容就是职业生涯的发展，但不仅仅是这样的包含关系，现代职业心理学的研究，已经把这两者融合在一起。

说到职业，我们很容易想到这样几个词汇：工作、职位、事业、成就，等等。

一想到去工作，人们往往产生的印象是有困难的、令人不愉快的、为了生存而不得不为之的行为。但是，工作到底是什么呢？工作是一种有目的性、心理的、生理的或身心结合的活动，并且这种活动创造了经济价值，如同产生物质财富一样，它也为他人提供服务。

职位是指一个人所进行的活动、所完成的任务、所履行的职责。

工作是在商业、工业或其他工作地点所提供的众多不同职位的集合。例如，在某一个工作地点，可能有三个空缺职位，那么在其他地方有类似工作经历的人便可以申请这个职位。

关于职业内涵的发展，1909 年，帕森斯在《职业的选择》一书中提出了职业指导（vocational guidance）这个专业用语。当时职业的英语单词是“vocation”。五十余年后，职业指导史上由一位里程碑式的人物——舒伯在他历史性的论文《从职业指导向心理咨询学转移》中，第一次采用了“career”这个英文词汇来替代原来的“vocation”，并从理论上影响了 20 世纪 70 年代美国联邦教育局进行的教育改革运动。

英文 career 可译为职业、职位、生计、生涯、经历等。同时也是一些现代职业现象的代用词。如优秀的职业经历、上升型的职业移动等。

当今的“career”不仅以人生的职业工作部分为焦点，同时也应将个人的生活方式、生存价值以及人生的整体（即被称为人生四大要素的工作、学习、业余休闲、爱情婚姻家庭）纳入视野。

综合看来，career 一般来说，具体可指三个方面的内容：

- 向上发展的职业移动；
- 个人的职业生涯或职业经历；
- 个人合适的人格，生存方式的形成与自我表现。

从这个角度来说，职业生涯发展和生涯发展的概念已经紧密地融合在一起，没有能把职业区分开来的生涯发展，所以本书虽然以职业生涯发展的内容为核心，但却以《生涯发展》命名，本意希望是能帮助高中生从生涯发展的角度去思考职业，为生命质量的提升打下扎实的基础。

作为心理辅导老师，不但要具有职业方面咨询辅导和援助的知识技能，更需要对人以及人的生涯（人生）有广泛的认知高度与见解。

（二）生涯发展的观点

生涯发展的观点认为，一个人的自我概念——人如何看自己——受年龄和生活经历的影响，随时间而变化。发展的观点还认为，工作在人们生活中扮演的角色是从童年开始的，是经常与儿童相互影响的成年人对儿童期望的反映。这些成年人包括父母和亲属、班主任、任课老师和学校心理辅导老师，同样也包括邻居、朋友和其他关心儿童的人。媒体也会强有力地影响儿童的自我概念和他们的职业发展，特别是对“有钱消费就等于优质生活”这种价值观的宣扬。

职业生涯是一个人长期的发展过程，在不同的发展阶段，个人有着不同的职业需求和人生追求。职业生涯发展阶段的划分，是职业生涯规划的一个重要内容。对于具体阶段的划分，不同的专家学者有不同的观点，比如舒伯的五阶段论，休普的四阶段论，格林豪斯的五阶段论，还有施恩的九阶段论。我国古代的孔子根据自己的亲身经历，将其人生发展大致划分为每十年一个阶段，曰：“吾十有五而有志于学，三十而立，四十而不惑，五十而知天命，六十而耳顺，七十而从心所欲，不逾矩。”（《论语》）

1. 金斯伯格的职业生涯发展三阶段

金斯伯格（1951）认为，职业发展是一个过程，它在个体的前 20 年里选择职业时达到最高点。他还说："职业选择是一个发展的过程；它不是一个单一的决策，而是经过数年的一系列决策。该过程中的每一个环节都与其前后相关。"

（1）影响职业选择的四个因素

- 个人的价值观；
- 情绪因素；
- 受教育的程度和类型；
- 由环境压力（例如，地理位置，就业机会）产生的现实影响。

（2）职业发展阶段

这些因素影响着态度的形成，而态度反过来又决定职业选择。金斯伯格等把选择看作是一个由人生阶段推动的过程，在这个过程中，处于青春前期和青春期的青少年会面临一定的任务。当面对这些任务时，在愿望与可能性之间的妥协，可能对个体的选择与决定产生无法改变的影响。表 1-1 中列出了这些阶段：

表 1-1　金斯伯格等的职业发展阶段

时期	年龄	特征
幻想期	童年（11 岁以前）	本阶段初期是纯粹的游戏导向；接近末期，游戏变成工作导向。
尝试期	青春前期（11 至 17 岁）	以渐渐意识到工作需要为标志的过渡时期；认识到兴趣、能力、工作报酬、价值观和时间观念。
现实期	青春中期（17 岁至成年早期）	进行能力和兴趣的整合；进一步发展价值观；职业选择的具体化；形成工作方式。

① 幻想期：处于 11 岁之前的儿童时期。儿童们对大千世界，特别是对于他们所看到或接触到的各类职业工作者，充满了新奇、好玩的感觉。此时期职业需求的特点是：单纯凭自己的兴趣爱好，不考虑自身的条件、能力水平和社会需要与机遇，完全处于幻想之中。

② 探索期：11-17 岁，这是由少年儿童向青年过渡的时期。此时起，人的心理和生理在迅速成长发育和变化，有独立的意识，价值观念开始形成，知识和能力显著增长和增强，初步懂得社会生产和生活的经验。在职业需求上呈现出的特点是：有职业兴趣，但不仅限于此，更多地和客观地审视自身各方面的条件和能力；开始注意职业角色的社会地位、社会意义，以及社会对该职业的需要。

③ 现实期：17 岁以后的青年年龄段。即将步入社会劳动，能够客观地把自己的职业愿望或要求，同自己的主观条件、能力，以及社会现实的职业需要紧密联系和协调起来，寻找适合于自己的职业角色。此期青年所希求的职业不再模糊不清，已有具体的、现实的职业目标，表现出的最大特点是客观性、现实性、讲求实际。

(3) 职业发展过程中的个体差异

金斯伯格等（1951）认识到，在职业发展过程中存在着个体差异，至少有两个基本的原因导致了这些个体差异：

① 较早地发展职业技能通常会导致比正常较早的职业发展模式。例如十几岁的世界级运动员——专业的网球运动员、奥林匹克体操和游泳运动员——他们几乎都在 30 岁以前就经历过了职业的顶峰。一些艺术家和作曲家也比正常人较早开始了职业生涯。这部分人从童年时就开始工作，从那时起他们就把自己当作了从业人员。

② 如果存在诸如情绪不稳定、各种个人问题、贫困或经济充足等因素，现实期就有可能滞后。

这些因素中的每一个都可以作为发展职业 / 工作技能的标准过程。

(4) 职业行为来源于早期生活

职业行为来源于儿童的早期生活并随着时间不断发展。然而，金斯伯格 1971 年的新理论包括了三个前提：

① 职业选择是一个过程，只要某人还在对工作和职业作决策，这一过程就一直在进行。

② 早期（5 ~ 17 岁）的决策会有助于形成职业选择，但是个体工作和生活中发生的变化也会影响其职业选择和职业模式。

③ 工作和职业决策，试图在个人的需要 / 愿望与工作机会 / 限制之间找到平衡。

（5）职业发展是贯穿一生的动态过程

1984 年，金斯伯格进一步修订了他的理论，提到人们定期对工作满意感进行再评价，因此职业选择成为一个贯穿整个人生的过程。当人们寻找提高自己的职业目标使其适应不断变化的工作世界时，以前的决策就会限制后来的决策（Herr，Cramer&Niles，2004）。金斯伯格和他的助手们给出了职业发展是贯穿个体整个工作生活的动态过程这个概念。

2. 舒伯的生命全程和生活空间理论

职业生涯发展研究领域权威人物舒伯集差异心理学、发展心理学、职业社会学及人格发展理论之大成，从发展、测评、职业适应以及自我概念等领域进行纵横两个方向的长期研究，系统地提出了有关职业生涯发展的观点。

（1）四个生涯发展观点

第一，个体在能力、兴趣及人格上均具有不同的特征，而每种职业均要求特殊的能力、兴趣与人格特征，但两者又均具有很大的弹性：一方面，每个人均有可能适合从事多种职业；另一方面，也容许不同的人从事同一种职业。

第二，个人的职业兴趣、能力、工作、生活环境和自我概念，很可能会随时间和经验而改变，因此，职业的选择与适应成为一种持续不断的过程。这种过程构成一系列的生活阶段——生长、试探、建立、保持和衰退。个人生活阶段的发展可藉个人能力与兴趣的成熟及自我概念的发展而达成，所以职业发展的过程，即是自我概念的发展。

第三，职业发展过程是个人与社会环境之间、自我概念与现实之间的一种调和过程，而个人的职业形态或职业发展模式的性质受社会环境、个人能力、人格特征和机遇而决定。

第四，工作满意的程度与自我概念实现的程度成正比。工作满意与生活满意基于两种情况而定，一是个人的工作与其能力、兴趣及人格特征等的配合程度；二是个人成长与探索经验上，自己是否觉得工作称职。

基于上述假设，发展论进一步探索了个体职业发展的全过程，认为人们的职业意识和要求并不是在面临就业时才有的，而是在童年时就孕育了职业选择的萌芽，随着年龄、资历和教育等因素的变化，人们对职业选择的心理也发生变化。职业发展如同人的身体和心理发展一样，可以分为几个连续的不同阶段，每阶段都有一定的特征和职业发展任务。如果职业指导有效，个体就能在每一阶段达到职业成熟；如果前一阶段的发展任务不能很好地完成，就会影响后一阶段的职业成熟，导致最后在职业选择上发生障碍。

（2）生涯发展五阶段

1953 年，他根据自己“生涯发展型态研究”的结果，将人生职业生涯发展划分为成长、探索、建立、维持和衰退共五个阶段：

① 成长阶段（0 ~ 14 岁）。属于认知阶段。在这个阶段，孩童开始发展自我概念，学会以各种不同的方式来表达自己的需要，且经过对现实世界不断的尝试而修饰其角色。这个阶段发展的任务是：发展自我形象，发展对工作世界的正确态度，并了解工作的意义。这个阶段共包括三个时期：一是幻想期（4 ~ 10 岁），它以“需要”为主要考虑因素，在这个时期幻想中的角色扮演很重要；二是兴趣期（11 ~ 12 岁），它以“喜好”为主要考虑因素，喜好是个体抱负与活动的主要决定因素；三是能力期（13 ~ 14 岁），它以“能力”为主要考虑因素，能力逐渐具有重要作用。

② 探索阶段（15 ~ 24 岁）。属于学习打基础的阶段。该阶段的青少年，通过学校的活动、社团休闲活动、打工等机会，对自我能力及角色、职业作了一番探索，因此选择职业时有较大弹性。这个阶段发展的任务是：使职业偏好逐渐具体化、特定化并实现。这阶段也包括三个时期：一是试探期（15 ~ 17 岁），考虑需要、兴趣、能力及机会，作暂时的决定，并在幻想、讨论、课业及工作中加以尝试；二是过渡期（18 ~ 21 岁），进入就业市场或专业训练，更重视现实，并力图实现自我观念，将一般性的选择转为特定的选择；三是试验承诺期

(22 ～ 24 岁)，生涯初步确定并试验其成为长期职业生活的可能性，若不适合则可能再经历上述各时期以确定方向。

③ 建立阶段(25 ～ 44 岁)。属于选择、安置阶段。由于经过上一阶段的尝试，不合适者会谋求变迁或作其他探索，因此该阶段较能确定在整个事业生涯中属于自己的职位，在 31 岁～ 40 岁，开始考虑如何保住该职位并固定下来。这个阶段发展的任务是统整、稳固并求上进。这个阶段细分又可包括两个时期：一是尝试期（25 ～ 30 岁），个体寻求安定，也可能因生活或工作上若干变动而尚未感到满意；二是稳定期（31 ～ 44 岁），个体致力于工作上的稳固，大部分人处于最具创意时期，由于资深往往业绩优良。

④ 维持阶段（45 ～ 65 岁）。属于升迁和专精阶段。个体仍希望继续维持属于他的工作职位，同时会面对新来人员的挑战。这一阶段发展的任务是维持既有成就与地位。

⑤ 衰退阶段（65 岁以上）。属于退休阶段。由于生理及心理机能日渐衰退，个体不得不面对现实，从积极参与到隐退。这一阶段往往注重发展新的角色，寻求不同方式以替代和满足需求。

（3）循环发展任务

在上述舒伯的职业生涯发展阶段中，每一阶段都有一些特定的发展任务需要完成，每一阶段需达到一定的发展水准或成就水准，而且前一阶段发展任务的达成与否关系到后一阶段的发展。舒伯后来认为在人一生的生涯发展中，各个阶段同样要面对成长、探索、建立、维持和衰退的问题，因而形成“成长－探索－建立－维持－衰退”的循环（见表 1-2）。

表 1-2 循环式发展任务（舒伯，1984）

阶段	年龄			
	青年 （14-25 岁）	成年早期 （25-45 岁）	中年 （45-65 岁）	老年 （65 岁以上）
成长	发展适宜的自我观念	学习与他人间的关系	接纳个人的限制	发展非职业性的角色
探索	学习更多的工作机会	寻找机会，做自己喜欢做的事	辨识新问题并设法解决	寻找合适的退休后活动场所
建立	开始创业	安于现职	学习新的技能	从事向往已久的事
维持	验证当前的职业选择	设法保持工作的安定	巩固自己面对竞争	保持仍有兴趣的事
衰退	减少用于嗜好的时间	减少用于运动时间	集中于主要活动	减少工作时间

举例来说，如一个大学一年级的新生，必须适应新的角色与学习环境，经过“成长”和“探索”，一旦“建立”了较固定的适应模式，同时“维持”了大学学习生活之后，又要开始面对另一阶段——准备求职。原有的已经适应了的习惯会逐渐衰退，继而对新阶段的任务又要进行“成长”、“探索”、“建立”、“维持”与“衰退”，如此周而复始。

（4）一生生涯的彩虹图

当一个人沿着这些阶段前进时，他还在生活中扮演其他不同的角色。

在英国进行了为期四年的跨文化研究后，舒伯于 1980 年提出了一个更为广阔的新观念——“生活广度、生活空间的生涯发展观”（Life-span，Life-space career development）。这个职业生涯发展观，除了原有的发展阶段理论之外，舒伯又加入了角色理论，并将生涯发展阶段与角色彼此间交互影响的状况，描绘出一个多重角色生涯发展的综合图形。这个生活广度、生活空间的生涯发展图形，舒伯将它命名为“一生生涯的彩虹图”（life-career rainbow），参见图 1-1：

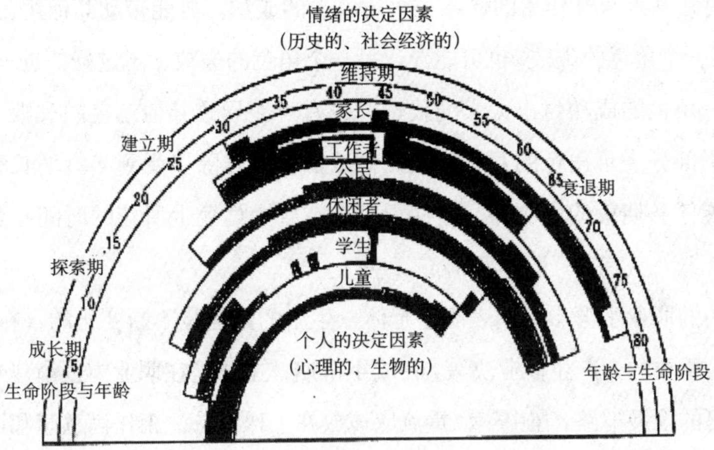

图 1-1　一生生涯的彩虹图（舒伯，1980）

① 生活广度——横贯一生的彩虹。在一生生涯的彩虹图中，横向层面代表的是横跨一生的生活广度。彩虹的外层显示人生主要的发展阶段和大致估算的年龄：成长期（约相当于儿童期），探索期（约相当于青春期），建立期（约相当于成人前期），维持期（约相当于中年期）以及衰退期（约相当于老年期）。在这五个主要的人生发展阶段中，每个阶段内还有小的阶段，各个时期的年龄划分应依据个体情况的不同而定。

② 生活空间——纵贯上下的彩虹。在一生生涯的彩虹图中，纵向层面代表的是纵贯上下的生活空间，由一切职位和角色所组成。舒伯认为人在一生当中扮演着九项主要的角色，依序是：儿童、学生、休闲者、公民、工作者、夫妻、家长、父母和退休者（彩虹图中未将“退休者”列入；夫妻、家长、父母等角色则并入“家长”一类中）。这九项角色也活跃于四种主要的人生舞台：家庭、社区、学校和工作场所。不管一个人愿不愿意，每个人踏入学校之后，其一生多数时候必然同时在不同的舞台上扮演不同的角色。从结婚、谋得第一个职业开始，六种不同角色先后或同时在人生的舞台上层现迭出，直至退休。退休之后，仍有几种角色延续至终。

角色之间是交互作用的，某一个角色上的成功，可能带动其他角色的成功，反之，某一个角色的失败，也可能导致另一个角色的失败。不过舒伯进一步指出，为了某一角色的成功付出太大的代价，也有可能导致其他角色的失败。彩虹图中的阴影部分表示角色的互相替换、盛衰消长。它除了受到年龄增长和社会对个人发展任务期待的影响外，往往跟个人在各个角色上所花的时间和感情投入的程度有关。

舒伯的职业生涯彩虹图表明了个体一生中的角色是不断变化的，在青年期，探索是最重要的，产生职业决策；在成年早期，主要是在职业中逐渐建立并找到适合自己的发展道路；在中年，重点应该放在工作维持、工作满意感和调整工作变化上；在成年后期会出现职业发展减速状况及对不同的职业焦虑进行调适。在人生生涯彩虹中检验不同的角色时，会发现角色的重要性变化得很明显。此时舒伯关于生命空间的理念开始发挥更为重要的作用。关键是个体生涯中关心的重点及生涯与角色的关系在变化。因为个体的工作和职业是处在整个生命之中的，它只是个体一生中所扮演的多种角色之一。

3. 班杜拉的自我效能理论

自我效能感是个体对自己能够成功地执行某一既定任务或行为的直觉判断能力。这种基本现象居于人们感觉的中心，锻炼人们对影响他们生活事件的个人控制力。成功的行为是自我效能感变化的媒介。

（1）个体的效能期望主要来自四种信息：

① 个人自身行为的成败经验。这个效能信息源对自我效能感的影响最大。一般来说，成功经验会提高效能期望，反复的失败会降低效能期望。但事情并不这么简单，成功经验对效能期望的影响还要受个体归因方式的左右，如果归因于外部的不可控因素就不会增强效能感，把失败归因于内部的可控因素就不一定会降低效能感。因此，归因方式直接影响自我效能感的形成。

② 替代经验。人的许多效能期望是来源于观察他人的替代经验。这里的一个关键是观察者与榜样的一致性。

③ 言语劝说。因其简便、有效而得到广泛应用，但缺乏经验基础的言语劝

说其效果则是不稳固的。

④ 情绪唤醒。班杜拉在"去敏感性"的研究中发现，高水平的唤醒会使成绩降低而影响自我效能，当人们不为厌恶刺激所困扰时更有希望成功。

上述四种信息对效能期望的作用依赖于对其是如何认知和评价的。人们必须对与能力因素和非能力因素对成败的作用加以权衡，人们觉察到效能的程度取决于任务的难度、付出努力的程度、接受外界援助的多少、取得成绩的情境条件以及成败的暂时模式。班杜拉的社会学习理论认为，这些因素作为效能信息的载体影响成绩，主要是通过自我效能感的中介影响发生的。

（2）班杜拉自我效能感模型

图 1-2 的左侧显示了效能信息的来源：行为成就、替代性经验、情绪唤醒、言语劝说。在图 1-2 的右侧列出了行为结果的性质：选择趋近或者回避某些情境、能力表现、在困难面前的坚持性。

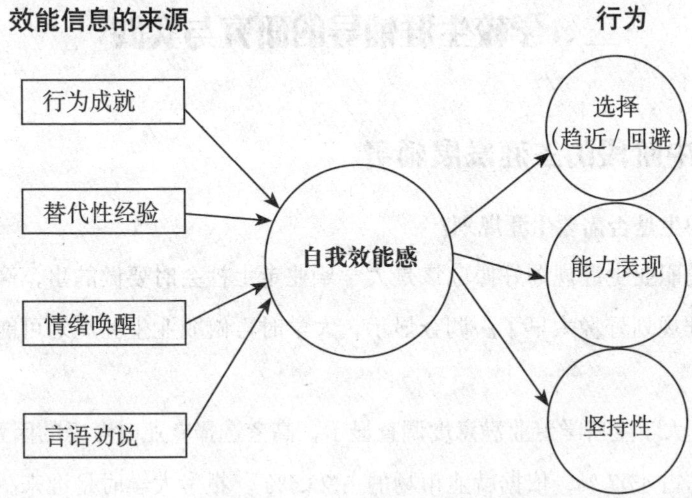

图 1-2 班杜拉的自我效能感模型

(3) 自我效能感职业生涯发展

兴趣表现在人们“对活动的持续性兴趣所产生的个人效能与满意感”(Lent，Larkin&Brown，1989)。兴趣给人以更大的动力与工作任务相互作用，而任务反过来又为“个体的或替代性的成功经验以及自我效能的进一步提高”提供更多的机会(Lent et al.)。兴趣和效能感的相互作用对个体的教育/职业生涯的选择与行为表现具有极大影响。

自我效能期望是指个体对自己能成功获得所需要的结果这一能力的一种信念。效能期望影响职业生涯决策和个体成就。以职业生涯决策过程为例，可以用职业生涯决策自我效能感，来对个体关于他们有能力做出恰当的职业生涯选择的信念进行概括。随着该理论的发展，我们需要进行更多的研究来探讨如何解决低职业生涯决策自我效能感问题(Lent &Hackett，1987；Maddux，Stanley & Manning，1987；McAuliffe，1992)。

二、学校生涯辅导的研究与实践

(一)高中阶段的生涯发展辅导

1. 高中生是否需要生涯规划?

有人说职业生涯规划好像应该是大学毕业走上社会时要做的事，高中毕业做职业生涯规划好像太早了。调查显示，大学时再做职业生涯规划可能就已经晚了。

对当代大学生所学专业满意度调查显示，高考选择专业时考虑的因素：依据自己兴趣的占47.7 %，依据就业市场的占23.3% 。报考大学时是谁来决策高考的志愿呢？调查显示，绝大部分是自己决定或与父母商量的，这部分人加起来占89.1% 。

那么，当代大学生对所学专业满意吗？调查后的结论是：42.1% 的学生对所学专业不满意。而且，如果可以重新选择的话，有65.55% 的学生表示将另选专业。

那么，到底什么原因使得大学生对所学专业不满意呢？调查显示，自己不感兴趣的占 48.2%；专业前景不好的占 16.1%；就业困难的占 26%；受家庭影响的占 0.9%；其他因素的有 3.2%。最主要的原因是自己不感兴趣。

既然当初在填报志愿的时候专业是自己或和父母商量选择的，又是自己感兴趣的，到了大学后，还是不感兴趣，这充分说明，在当初选择时候还有一些重要因素没有考虑到，到底是什么因素呢？

比如兴趣，首先，学生本人对兴趣的把握可能不准确。高中学生对大学某专业的兴趣往往来自于自己对中学相关学科的成功体验，或者是受这些专业未来发展前景的吸引，等等。这些都不是对专业的直接兴趣。其次，影响专业学习的因素，除了专业兴趣以外，还与从事某一专业你是否感到有价值、学习某一专业或从事某一职业你是否具备了应有的能力，以及你的个性特点是否适合等有着极其重要的关系。这些都是专业选择中应该考虑的重要方面。

也就是说，因为没有系统的职业生涯规划的指导，导致高中学生在进行专业选择和志愿填写的时候，进入到主观的想当然状态。所以才出现了进入大学后专业学习上的迷茫。

笔者在进入很多企业进行职业心理培训时，接触到很多职业人，对自己当初所学和现在所干的专业不满意甚至感到后悔，他们对自己最初选择的“志愿”很不满意。虽然他们可能（或可以）从名牌学校毕业，但是却都在上了大学或者在工作岗位上好长一段时间，才感到自己当初填报志愿和选择工作时“选错了专业”，这是为什么呢？答案就是他们没有在高中毕业时做好职业生涯规划。

在西方特别是美国、德国等职业系统非常规范和发达的国家，通过职业模拟、看录像、实际尝试操作等方式让孩子从小就对自己有一定的了解，以便有目的发展；在学校里也有专门的职业指导课程，而职业测评则更是普遍。事实上职业规划早做一点儿，对个人的发展定位就能够更准确一些。

舒伯的职业生涯发展阶段论研究和实践表明，职业的选择是一个发展的过程。在这个过程中，各个阶段相互联系，形成循环发展任务，共同决定着未来职业的发展趋向。同时人是作为一种生物存在着的，他有着自己独特的生命特征，因此职业选择的趋向必须依赖于个人的年龄和发展，不同年龄和发展阶段的特征都与职业生涯的选择和发展存在一种相互依赖、相互作用的过程。职业选择必须在个体特征和现实机会之间取得平衡。

高中阶段正处于职业生涯的探索阶段中，涵盖青少年时期与成人初期。在这一时期中，每个人将认真地探索各种可能的职业选择。试图将自己的职业选择与对职业的了解以及通过学校教育、休闲活动和个人工作等途径中所获得的个人兴趣和能力匹配起来。处于这一阶段的人还必须根据来自各种职业选择的可用信息作出相应的教育决策。

西方发达国家一直比较重视职业生涯的规划和设计，许多国家的学校教育中早就有“职业设计辅导”这一课程。在美国，中学在孩子们上八年级（高中）时就要请专家给孩子们做职业兴趣分析。十几岁的孩子职业兴趣并没有定型，但通过职业日、职业实践活动，可以根据其显露出来的特征进行有效引导，为将来选择职业打好基础。

2. 高中阶段常见生涯发展困惑

高中阶段学生最主要的职业生涯困惑就是学业成绩和高考志愿填写。对于他们来说，几乎所有的人都能高中毕业，但是对毕业以后去哪里往往感到迷茫。很多学生把高考成功当作人生的成功，但对于人的一生生涯发展的成功而言，这恰恰只是起步而已。在这个起步阶段，没有所谓的成功与否，但有着理性和盲目之分。常见的盲目主要有：

（1）聚焦于分析专业的特征而忽略自身生涯特征了解

从广阔的职业世界和专业选项里面挑选所谓的“名校”、“热专业”、“高薪职业”和“时髦行业”等产生迷失感。

职业生涯规划则指导我们客观认识自己的能力、兴趣、个性和价值观，建立完整而适当的职业自我观念，在对个人和内部环境因素进行分析的基础上，深入了解各种职业的需求趋势以及关键成功因素，确定自己的事业发展目标，并选择实现这一事业目标的职业或岗位，编制相应的工作、教育和培训行动计划，制定出基本措施，高效行动，灵活调整，有效提升职业发展所需的执行、决策和应变技能，使自己的事业得到顺利发展，并获取最大程度的事业成功。

由此可见，职业生涯发展指导我们分析和成长的是我们自身，尽可能找到实现职业人生发展目标，而不是分析哪些职业更热门更时髦更高薪。

就好比我们现在去吃饭，一定首先问的是我现在想吃什么，我需要吃什么，我喜欢吃什么，我适合吃什么，而不是什么贵吃什么，什么有名吃什么，或者什么看起来时髦吃什么。

同样地，面对专业选择，学生更需要冷静考虑以下四个问题：

- 你的生涯发展目标需要制定吗？
- 你的职业兴趣符合吗？
- 你的能力结构擅长吗？
- 你的职业个性适合吗？

(2) 对师长的意见要么盲目顺从，要么一意孤行

笔者问过很多老师和家长，关于学生和孩子职业选择的建议，通常会收到两种有偏差的倾向的答案：

- 我吃过的盐比你吃过的米还要多，所以你最好听我的。
- 这是你一生的事情，我不干涉，你自己看着办。

前者过渡干预，理性引导太少，往往导致高中学生要么顺从，要么因为逆反而一意孤行。

后者的态度听上去很不错，但在现实中会碰到的问题是，如果学生是一个对自己有很充分认识、有科学生涯规划的人，这种态度就显得民主有效。但如果我们的学生本身是缺乏职业生涯发展引导的，对人生规划是迷茫的，那么这种一味的放手，往往会导致高中生闭着眼睛完全凭感觉随便选选。这就与前面的调查一致，即使是自己选的专业进入大学，却有很大的不满意之感，因为这里面没有理性的职业生涯规划的指导。

所以，在对学生进行职业生涯发展指导的时候，当然需要充分的尊重和接纳，但更重要的是引导学生进行科学而理性的职业生涯规划。

(3) 职业兴趣简单认同为“我喜欢”

在思考职业生涯选择时，很多学生容易陷入“喜欢至上”的误区。通常，这种喜欢又往往是比较表层的、不稳定的。

生涯发展的研究认为，职业兴趣不单是我们喜欢做的事情，而是和我们人格中关于职业的偏好性和倾向性也有关，通常和需要的满足、动机的形成和能力特征紧密相连。

不可否认，做任何一件事，兴趣是个很重要的因素。但中学时代所形成的兴趣往往是表层的、易变化的，只有和生涯动机一致起来，兴趣才会内化为一种深层的动力。

另外，还要考虑兴趣和能力是否一致。能力是完成某一特定活动所必须具备的潜在特质，在与自己能力吻合的专业领域内，往往可以比较快地获得成功。如果兴趣和能力不一致，就有可能学起来很费劲，容易失去信心。比如学习计算机编程，虽然兴趣浓厚，但如果逻辑推理能力不强的话，要编出好的软件，显然比较困难。当然，不可否认，如果长久保持浓厚兴趣，也能弥补能力上的不足，但优秀的人，往往善于在适合领域里面坚持着自己感兴趣的事情。

3. 高中阶段生涯发展

(1) 生涯定向

在自我发展理论方面，美国心理学家 E.H.Erikson 提出了“自我认同”这一概念，以强调说明青年期的发展危机。自我认同贯穿着一个人由幼年至老年的终身历程，是人生各阶段发展的基础所在。自我认同在青年期表现得最为突出，原因之一是因为个人在青年期首次将青年的认同经验加以积累、组织，通过个人与周围环境的互动而产生“人我分离”与“独特单一”的感觉，而逐渐形成其自我认定。原因之二是个人在青年期必然面临许多关于未来发展的重大抉择，如选择专业、职业、人生价值、恋爱、婚姻等，需要建立自我认同做为抉择的依据。如果个人对自我认识不清，缺乏自我认定，就可能仍停留在过去或沉迷于对未来的遐想之中，对当前的情境无法表现出适应性的行为，而产生角色混淆的现象，即表现为上述情形。

另一位美国学者Marcia(1980)根据E.H.Erikson的心理社会发展理论的观点，依据抉择危机和专注定向两个维度，把青年的自我认定归纳为四种不同的类型：即自主定向型、提早定向型、延迟未定型、茫然失措型。其中，提早定向型的人，在社会的限制和父母的保护下，面对生涯抉择时，往往不会产生过高的焦虑；但在从事生涯准备或专业学习方面，仍然难免会听天由命、缺乏学习兴趣和动力；而延迟未定型和茫然失措型的人，在面临生涯抉择之际，容易缺乏目标定向，甚至可能感到焦虑和彷徨不安，不利于专业学习与学校适应。Marcia（1980）的研究结果进一步证实了自我发展理论的观点，显示生涯定向确实是青年期主要而关键的发展任务之一，生涯定向的明确与否不但可能阻滞个人今后的长期发展，更会直接影响其当前的生活调适。从提早定向型群体的良好发展状况看，更进一步印证了生涯探索在高中阶段的生涯发展与规划活动中的重要性。

(2) 生涯发展任务

从舒伯的生涯发展历程的观点看，准备进入大学的高中生在经历了成长期的基础教育之后，其生涯发展正处于生涯探索期和生涯建立期的转换阶段。其主要的发展任务是通过生涯探索的历程，增进生涯觉知，并逐渐澄清其发展方向，以完成生涯计划和准备。

舒伯指出生涯探索是个人发现自我及对于工作世界之间的认定，其间包括通过工作或工作环境所提供的资料，促进个人对其本身的需要、兴趣、价值、工作角色及能力做梳理的工作。具体包括：个人对自我特质以及各种不同的职业或工作内涵，乃至个人的环境关系与资源进行探索，由此对个人未来的生涯发展目标建立更明确的导向。在学习活动中，随着生涯探索的发展与觉知的增加，高中生逐步确认其生涯发展的方向，建立稳定的生涯目标，以引导后续的生涯探索，并开始具体的生涯计划和准备。

4. 高中阶段生涯辅导核心内容

根据我国现行教育体制，高中生无论毕业后直接就业，还是升入大学继续专业方面的学习，都面临着影响他们一生职业发展的重要选择。因此高中是个体职业心理发展的一个重要时期，中学生职业生涯辅导比其他任何一个阶段的都更具决定性和重要性。

职业生涯是一个人一生中所有与职业相联系的行为与活动，以及相关的态度、价值观、愿望等连续性经历的过程，也是一个人一生中职业、职位的变迁及工作理想的实现过程。职业生涯规划则是针对决定个人职业选择的主观和客观因素进行分析和测定，确定个人的奋斗目标并选择实现这一目标的过程。职业生涯规划要求你根据自身的兴趣、特点，将自己定位在一个最能发挥自己长处的位置，选择最适合自己能力的事业。从这个意义上来说，在职业生涯探索阶段中，最初的专业选择和最初的职业选择最为关键。我们完全可以说职业生涯的第一步：就是从专业选择开始。高中生的职业生涯规划主要就是选择适合自己的高考专业。这是职业生涯的起步阶段，是决定能否赢在起点的重要阶段，是人生的第一个转折点。

另外我们看到就业市场存在着几个较为矛盾的现象，就是：一方面，上百万高校学生毕业后找不到理想的职业，另一方面，越来越多的用人单位却找不到需要的人才；一方面，MBA、工商管理类、金融类、计算机类等不少专业的毕业生感叹社会不需要他们，另一方面，微软从1.2万多份简历中却选不出需要的百人，深圳16万年薪却聘不到合适的钳工……这种尴尬局面的出现，除社会、学校、用人单位的原因之外，一个极其重要的原因仍然要归于很多学生在他们职业生涯的起步阶段没有做好职业生涯规划，他们在选择自己的人生道路和职业方向时出现了起点上的偏差和失误。

在高中阶段，职业生涯发展的探索阶段，最核心的内容就是：

- 全面探索职业生涯发展特征，了解职业兴趣、职业个性、职业能力，了解自己的决策风格。当然，高中阶段对自己的了解更多是以探索成长为目的，而不是贴上一成不变的标签。
- 确定生涯发展目标，建构职业生涯发展目标体系，初步进行职业生涯规划。
- 通过各种调查和实践机会评估自身的职业生涯机会，也就是说要评估各种环境因素对自己职业生涯发展的影响。包括：组织环境、政治环境、社会环境、经济环境等。其中最明显的就是要了解社会的需求是什么？在明确了自己想干什么、做了自我评价明确自己能干什么的同时，还应兼顾社会的需求和未来发展前景。

（二）美国职业生涯发展指导计划

美国职业生涯信息协调委员会（1996）确定了全国高中学校学生职业生涯发展指导原则的能力和指标。表1-3列出了高中阶段职业生涯的各个因素，包括自我认识、教育探索和职业生涯探索以及职业生涯规划。

表1-3 高中阶段职业生涯发展指导因素

自我认识	教育探索和职业生涯探索	职业生涯计划
理解积极的自我概念所产生的影响	理解教育成果与职业生涯发展的关系	掌握作决定的技能
掌握与他人积极沟通的技能	理解工作和学习需要积极的态度	理解生活角色之间的相互关系
理解成长和发展的作用	掌握查找、评估和解释信息的技能	理解男女角色的不断改变
	掌握为寻找、获得、维持和为更换工作做准备的技能	掌握职业生涯规划技能
	理解社会的需求和功能及社会如何影响工作的性质和结构	

高中职业生涯发展计划在延续小学和初中阶段的内容的基础上，最重要的是，让学生有自我意识，并树立起自信心，相信自己的能力。这些计划要帮助学生知道自己有各种各样的选择，并且帮助他们制定并实施职业生涯规划。高中学生也需要得到指导，来养成学习习惯、培养交际技能、掌握找工作的技巧和面试技能（Ettinger，2001）。

美国劳工部掌握必要技能秘书委员会（SCANS，1992）列举了教师和辅导员要想让学生掌握一些技能，为从高中或大学转变到工作世界做好准备，所应必须具备的能力。SCANS的目的是让教师和辅导员将这些技能融入到课程设置中，让学生学会独立推理和思考。

SCANS 报告中指出了五种能力和三种基本技能，以及良好的工作表现需要的个人素质。五种能力如下：

- 员工对资源的生产性使用——即分配时间、金钱、资料、空间和员工；
- 社交能力——团队工作、教导他人、服务顾客、领导、谈判以及与不同文化背景的人愉快地合作；
- 信息——获得并评估数据、组织和保存文档、解释和沟通、使用计算机处理信息；
- 体系——理解社会、组织的技术体系，监督并改正表现，设计或改善体系；
- 技术——选择设备和工具、应用技术完成具体任务、维护技术和解决技术问题（SCANS，1991）。

三种基本技能包括：

- 基本技能——读、写、算术和数学；说和听；
- 思考技能——创造性思考、作出决策、解决问题、想象力、知道如何学习、推理；
- 个人素质——个人责任、自尊、善于交际、自我管理、正直（SCANS，1991）。

在美国东中部独立校区，所有的教育都被视为职业生涯教育，教室成了工作场所，学生得到了第一份工作。从幼儿园到高三，每个阶段的经历和活动都在为下一阶段做准备。尽管重点指导的方式或方法会有所不同，但是学习者从上幼儿园开始一直到高中毕业都在接受职业生涯教育，既要掌握学术知识又要学会职业道德，学习终生受益的团队工作技能、参与技能、解决问题的技能和取得好的结果的技能。美国东中部学校给每位学生都会提供发挥最大潜力的机会。

三、本书内容结构

生涯规划是指个人在生涯发展历程中，对个人的各种特质、职业与教育环境资源进行生涯探索，掌握环境资源，以逐渐发现个人的生涯认同，并建立生涯目标；在面对各种生涯选择条件时，针对各种资料和机会进行生涯评估，以形成生涯选择或生涯决定；进而投入其生涯选择，承担生涯角色，以获得生涯适应和自我实现。所以，本书的课程设计主要包括了四个单元的内容：生涯觉察、探索职业世界、我的职业特性和生涯决策与实践。

具体设计目标是提升高中生的生涯自主意识与责任，了解生涯发展的阶段性和发展任务；引导进行“个人自我的探索”，建立个人生涯目标；从而针对生涯目标，进行职业和教育资源的评估，并发展生涯决策的能力，以逐渐理清其生涯发展方向，完成具体的生涯计划和准备。

1. 第一单元：生涯觉察

活动内容是认识生涯发展与高中阶段的生涯发展任务；认识自己的生涯类型，对照检查个人的生涯发展，引起生涯觉察；引发生涯自主意识与责任。

第一单元的内容主要放在《生之涯》课程里面。从莎士比亚话剧引入对生涯发展阶段的思考，介绍了著名的职业心理专家金斯伯格提出的人的职业发展阶段；阶段发展任务介绍引导学生探寻自己关于职业理想、兴趣、能力和价值等。这是生涯发展纵向维度的生命探索。

生涯彩虹图的描绘则是生涯发展的横向探索，即各种生涯发展角色的平衡调配。高中学生要了解一生生涯发展的主要角色的特征以及各种角色的在生涯不同阶段时间分配的初步规划探索。

2. 第二单元：探索职业世界

收集职业信息是生涯探索的核心部分，职业选择的质量往往也很大部分取决于我们所收集的信息。这个单元通过《工作世界》和《理想工作》两节帮助学生了解我们职业环境和工作世界，学会职业信息搜集的方法，了解职业的具体要素包括什么，最后对自己的理想工作进行畅想。

《工作世界》通过引导对各种常规职业和新兴职业的调查以及家族职业树的描绘形成感性的认识之后，介绍系统的工作世界地图，帮助学生了解职业前景，并知道去什么地方通过什么途径获取重要的职业生涯信息，比如可以通过职业资源中心和图书馆进行查阅，可以对职业人进行访谈，可以到互联网以及其他各种途径来搜索职业信息，等等。从而帮助学生了解职业的分类与发展趋势，不同职业对人的要求等，不断理清对职业的认识，引发学生对自己未来职业方向的思考。

如果是《工作世界》是对职业环境的宏观把握的话，那《理想工作》则是对学生感兴趣职业要素的微观分析。通常，我们要具体了解一份工作，往往需要了解其工作性质、教育和培训经历、工资、工作条件，等等。通过访谈和网络调查等方式，在引导学生对自己感兴趣的工作要素进行比较全面了解之后，接下来就是对自己理想工作的要素畅想和描绘了。从职业的具体要素入手刻画，更能帮助学生产生切实的工作理想，而不是遥远模糊的海市蜃楼，从而激发从现在开始努力去实现工作理想的斗志。

3. 第三单元：我的职业特性

对外部世界，即职业环境和工作要素等信息，有了一定的了解之后，接下来就是内部自我的探索了。这个单元是帮助学生进行自我探索，通过活动探索个人的生涯兴趣、职业能力、生涯价值，最后整合个人特质的探索，建立生涯期待，确定生涯目标。

《职业兴趣》侧重探讨个人偏好和兴趣，即哪些活动是我们喜欢的（或不喜欢的），哪些事情会引起我们的注意等。要了解我们的职业兴趣，通常进行职业兴趣量表填写就是很客观有效的方法之一，霍兰德的职业兴趣量表能帮助学生了解自己的职业偏好是什么。最后引导学生探索职业兴趣和成功之间的关系。

《百炼成才》主要探讨生涯发展中的能力问题，即我们能做什么。生涯发展的研究发现，发现自己擅长什么是职业决策中最必不可少的部分，而要实现自己的生涯规划，能力的锤炼更是根本，否则规划就只是规划。本课的能力倾向测评帮助学生比较科学地了解自己；成就经历是通过具体分析过往的实践看形成了哪些具体的技能。最后讨论在锤炼自我的过程中最支撑能力的部分——认真的态度对于生涯发展的重要意义。

《财富人生》探讨的是关于人生价值和工作价值，即我们看重什么。工作是我们生活中最重要的活动之一，我们总是寻求那种能够满足我们价值的工作以及在工作中投入我们认为值得的投入。通过“财富人生”拍卖的活动对价值观的探索和认知，引导学生在思考生涯发展的时候，重视价值观的影响，期望自己所做的生涯选择能符合自己的价值取向，规划自己想要的人生。

《生涯罗盘》探索的是生涯发展目标，即我们要实现什么。经历了兴趣、能力和价值的探索之后，学生已经对自己的职业特性有了主要方面的了解，但是，用什么把这些美丽的“珍珠”串起来，是生涯发展目标。本课一方面引导学生思考和明确生涯发展的方向和目标，另一方面根据自己的实际情况将大目标分时分段具体化、阶段化、层级化。

4. 第四单元：生涯决策与实践

在进行了自我探索和生涯宏观和微观环境的了解之后，这个部分的内容是引导学生进行生涯决策、具体生涯规划和实践行动的过程。

《彩绘梦想》探讨的生涯成功和人生理想，即照亮我们生涯发展的梦想是什么。通过击掌数数的统计和个案学历的猜测，激发学生的自信和对成功要素的思考，引导学生通过各种途径对成功进行有创意的描绘，最后进行一些材料的阅读来整理对成功的理性认识，激发踏实学习的动力。

《举棋之间》探索的是生涯决策的过程和风格，即我们是如何作决定的？从了解心理学关于决策的相关研究开始，通过测评了解自己的决策风格，引导学生如何应对决策中的压力。通过对决策矩阵的了解和练习，帮助学生学会理智系统的决策方式，引导学生思考决策的自由来自于全面理性的分析和认识。

《路在脚下》整理具体的职业生涯规划并探索具体实践行动，即我们要实现的具体人生是什么，怎么行动。通过几个名人职业的猜测以及哈佛学子的一项调查帮助学生了解生涯规划具体化的重要性，然后进行一生的远期、中期和近期三年高中的具体规划，形成职业生涯规划的金字塔，再通过一些故事的分享来总结在高中学习阶段可以为职业生涯发展准备进行的努力，并引导学生落实到高考志愿填写方面。

四、本书的使用建议

1. 了解本书的主要结构

十篇以教学设计为形式的生涯发展辅导的专题内容，都包含教学背景、教学设计（教学目标、教学对象、教学准备、教学过程）、教学反思、教学建议、教学资源等环节。

教学背景介绍了与该专题内容相关的学生调查情况，已有的相关研究和教学实践情况。通常也表述了教学设计的理念和教学内容的逻辑结构等。

教学设计之教学过程是这个专题设计的最核心内容，详细描述了层层递进的各个主题活动的具体开展和承上启下。

教学反思是是对教学过程中出现一些主要问题的思考，涉及教学方法的操作细节，教学内容具体安排以及教学目标的达成情况。

教学建议是对各个主题活动在操作方面进行的可能建议，有些环节需要根据具体情况进行怎样的调整，内容可以进行的删减、丰富的建议，也会提供一些替换性的活动。

教学资料提供了教师进行本次辅导活动时候所选用的材料，以及其他未曾使用但与主题相关的材料。可能是美文故事，可能是理论分析，可能是补充测试，也可能是生涯发展案例等。

2. 理解生涯探索重理性分析，更重主观体验

就性质而言，生涯发展课程，是一门“体验”课程。通常，体验式课程所强调的是学习者在课程中的参与和体验，进而思考自己的生涯发展，着手于生涯的规划。在课程中，教育者提供探索与体验的机会，学习者在课程中所学的是经验生涯规划的过程，并试图为自己的生涯做一些规划，同时了解规划的步骤与细节。因此，该课程的学习者本身就是参与者，是直接被帮助的对象；教学者是课程的设计者、提供者、引导者和催化者。这无疑是一门自助助人的体验课。

3. 充分把握生涯探索的个体独特性和多样性

生涯探索的独特性在于，每个高中生来自于不同的家庭，有着不同的人生经历，形成了不同的职业倾向性，往往还有不同的生涯发展追求和目标等。这就使得我们在进行课程之前尽可能有一个调查了解，帮助我们进行有的放矢的引导。

了解独特性还提醒我们尊重每个学生的特点，尤其是牵涉到生涯价值探索的时候，班级团队中可能也会形成独特的文化，但是我们仍然需要注意到学生民族、性别等带来的价值不同。这本身没有对错，教师的接纳和尊重就显得尤为重要。

还需要注意的是，大多数组织和个人（父母、学校、同龄人和媒体）都倾向于将精力放在即将步入大学的学生，而很少考虑那些高中毕业后需要或想要参加工作的学生。所以我们在进行教学设计的时候需要有充分的准备和了解。

4. 引导学生基于工作进行生涯探索

虽然生涯探索的最终目标是发展自己想要的人生，但是往往会落到具体的工作上面。研究发现，如果引导学生基于工作进行学习往往具有更好的教育效果。

基于工作的学习让学生有机会了解自己所接受的教育在工作中的重要性，帮助他们决定要探索哪些职业生涯，能够：

- 增强学生的动力，提高学生的学术水平。
- 提高工作普遍需要的个人和社会能力。
- 拓宽学生对职业和行业的理解。
- 提供职业生涯探索和规划。
- 帮助学生获得特殊职业所需要的知识或技能，或者帮助他们锻炼更多的一般工作能力（Ettinger，2001）。

很多学生意识不到学校和工作有关系，根本不明白在学校里的学习如何能够应用到外面的世界。所以我们的教学设计要更努力地为学生建立全面的课堂内外学习途径，帮助学生明白课堂专业知识与其在工作中的应用是有关系的。教师需要帮助学生尽可能进行各种实践活动和实习项目，借此帮助学生意识到各种职业生涯选择。

下述方法可以帮助教育者开展基于工作实践的教育：

- 青年学徒：学生参与基于学校的和基于工作的学习。
- 合作教育计划：在高中高年级，学生参加一个合作计划，即在学校学习，也到工作中去实地体验。
- 社会实践学习：学生走出课堂，到所在社区参加一些无偿的志愿者活动。
- 基于学校的经历：学生在校办企业兼职，选修一些职业技能和工作技能课程。
- 工作跟踪：这些工作经历可以让学生通过一天的工作来体会什么是合格的工作者。
- 实习：学生走出学校参加工作，通过承担生产责任进行学习。
- 实验培训：学生承担一个研究课程，到工作现场从事各种培训职位，研究课程、工作经历和足够的分数是获得课外考试证书的必要条件。
- 职业学院：这是高中学校内规模较小，较个人化的“校中校”。每组学生参加一个面向职业的学院，每个学院侧重一类职业。

5. 测评工具的正确使用和发展性导向的结果解释

在自我探索的过程中，往往必不可少地会用到很多专业的测评工具。心理测试结果是否可靠往往也依赖于标准化的施测过程。所以教师在进行相关测试的时候，请尽可能了解测试的注意事项、指导语的使用和测试过程中对各个环节的把握。

对于测试结果，教师往往很难一对一地对全部学生的测评结果进行具体解释，往往是一些规律性的介绍。此时需要充分考虑学生的多样性和高中阶段的不稳定性，在进行结果分析的时候，尽可能多用发展性的语言，减少贴标签；尽可能引导学生往正向、积极的方向发展自己，而不是消极无望的结果导向。这也就是心理测评的最终意义，帮助人们了解自己并更好地发展自己，而不是一锤定音失去了改变的动力。

6. 在生涯探索活动中尽可能引导家庭的参与

调查显示父母对学生的教育和职业选择的影响最大，重要的是父母能够提供最新的信息帮助学生探索当前劳动力市场中的职业选择。父母能够帮助自己的孩子发展自我意识和职业生涯意识，以及制定教育和职业生涯计划。

Kush 和 Cochran（1993）对家长与孩子结对子，以帮助处于青春期的孩子逐渐增强职业责任感这一计划的有效性进行了测试。通过提供便于接受、有激励作用的环境，父母可以帮助孩子：

- 理解学习和工作动机；
- 根据理解制定目标；
- 根据目标制订计划；
- 逐渐努力实现目标；
- 有责任感，“为动机、目标、计划、行为和结果负责”。

他们将此应用到标准职业生涯辅导策略中，强调要在积极的环境中培养对自己负责的态度。与对照组相比，完成了结对计划的学生在职业上表现出“更高的能动性，对职业方向更有把握，少了一些优柔寡断，说明自信心更强，工作更突出，对自己有更清晰的认识，说明动机更有意义，这是工作中独立自主的基础”。

为了让父母协助这一过程，父母要帮助孩子回答下面这几个与职业生涯有关的问题：我是谁？我去哪？怎样到达？

表 1-4　高中阶段孩子的职业生涯发展和父母的参与

发展特征	职业需求	父母参与
发展自我认同感	理解个性、能力和兴趣与职业生涯目标的关系	帮助孩子独立决策
开始实地调查工作/职业生涯	理解教育与在大学所学的专业、未来的培训和/或进入劳动力市场的关系	鼓励探索高中毕业后的各种教育机会
开始关心社会问题	提供指导、追踪和合作机会	参与制定孩子的未来规划
性成熟，生理和心理都发生变化	说明有些技能可以应用到多种职业中，满足不断变化的工作要求	让孩子承担一定的经济责任，要消息灵通
越来越独立	能够使用各种职业生涯信息资源	鼓励工作意识
同龄人的认可和接受非常重要	引导他们要为学习上作出的选择和为未来制定的计划负责	随着决策过程的发展采取灵活的措施 鼓励参加兼职工作或者根据自己的兴趣参加志愿者活动

如果家长和处于青春期的孩子一起工作，孩子的职业发展和成熟的程度将大大提高；如果家长说出自己关注的职业问题，并改善家庭成员之间的沟通，将更加有利。重要的是父母要尽可能参与孩子的职业生涯探索。如果父母从一开始就知道孩子的期望和行为是重点，将增强家庭成员之间的沟通。如果父母了解自己的兴趣，然后找到孩子的兴趣，将提高父母对自己以及孩子的认识。从“家庭体系”出发，对家庭价值观的探索能够促使对角色、界线、价值观、传统和信息进行分析，这些会影响孩子看待职业生涯选择的能力。父母要注意，即使他们想确定孩子的职业选择是否正确，他们的重点也应该是支持孩子搜集信息，让孩子自主承担这一责任。如果关注的重点是父母参与孩子对职业的关注，那么鼓励父母参与家庭咨询就较为容易。有趣的是，会产生附带的好处，有些父母在这一过程中也能够清楚地认识到自己所关注的职业问题。

第二章

生之涯

【教学背景】

人的一生都在思考“我要做一个怎样的人？”，一生都会遇到各种生涯发展的问题。很多心理学家都曾提出，人的生涯发展最主要的内容是职业发展，而职业生涯探索很重要的阶段往往是高中阶段。走过了对职业充满幻想的阶段进入高中以后，学生更进一步地了解到自己的兴趣、能力倾向和价值，还有对职业生涯发展很重要的命题，就是分科以及高考志愿的填写。进入什么专业学习通常在很大程度上会直接决定我们将来会进入什么行业，甚至是选择什么工作。

对大学生的调查显示，44% 的大学生不喜欢自己的专业，原因各种各样，比如专业根本就不是自己选的，或者即使是自己选的，进入专业学习以后才发现不是当初所了解的情况，等等。对高三学生的调查也发现，学生对于职业意味着什么，对于职业环境，对于高考信息的了解，基本处于未知懵懂状态。有学生感慨：“两本厚厚的高考志愿填写资料，里面的每个汉字我都认识，它们想要表达的内容我却一点儿也不了解。”一方面是高中阶段对于学生一生的职业生涯发展和探索的重要，另一方面现状却是高中学生对于自身职业生涯发展相关信息的几乎不了解。这使得我们迫切需要一步步引导学生了解生涯发展的意义、阶段和角色的分配，并逐渐探索自身的生涯规划，在理想和现实之间找到选择的平衡点。

本课设计从莎士比亚话剧引入对生涯发展阶段的思考，进而介绍了著名的职业心理专家金斯伯格提出的人的职业发展阶段，并通过阶段发展任务介绍引导学生思考自身发展的具体情况，开始探寻自己关于职业理想、兴趣、能力和价值等的生涯发展故事。生涯发展故事的探索一方面是回顾过去着眼现在，另一方面是立足现在对未来的憧憬，这样就连成了一条自己生命线。当然，无论是生涯故事的分享还是生命线的完成，都有学生这个生动的人本身会有的情绪的色彩。对于情绪的色彩区分往往也体现了学生的需要满足情况和生涯发展的价值，帮助学生能认识到这一点，往往就达到了生涯发展引导最重要的命题——对生命体自身的了解和探索。

生涯发展不仅有其纵向的维度，还有是横向的维度，这就是各种生涯发展角色的平衡调配。通过生涯发展彩虹图的描绘帮助学生进一步了解一生生涯发展的主要角色的特征。一方面引导学生思考生涯发展的价值，比如学生更看重的角色是什么；另一方面对自身各种角色的在生涯不同阶段的时间分配进行初步规划，也就是说在哪个阶段去重点完成什么角色的任务。当然，最重要的，是思考现阶段处于什么角色（当然是学习者和孩子）的主要完成阶段。

本课是第一课，所以后面的测试和故事分享一方面是本课的总结，另一方面也是启下，激励学生深入挖掘自己的生涯发展特征并进行规划，从而踏实今天的每一步学习。

【教学设计】

教学目标

(1) 了解生涯发展各个阶段的特征、发展任务和角色分配，思考高中阶段生涯规划的重要性。

（2）通过对过往生涯发展的回顾形成对自己更全面而客观的认识。

（3）通过生命线的完成对未来的生涯发展进行展望和憧憬。

教学对象

高一、高二年级。

教学准备

（1）请学生进行适当的话剧表演练习。

（2）生涯故事、生命线和生涯彩虹图的讲解范例。

（3）多媒体课件制作。

教学过程

（一）话剧引入——生涯发展阶段

人生的七个时期

——引自威廉·莎士比亚《皆大欢喜》（第二幕第七场）

全世界是一个舞台，
所有的男男女女不过是一些演员；
他们都有下场的时候，也都有上场的时候。
一个人的一生中扮演着好几个角色，
他的表演可以分为七个时期。
最初是婴孩，在保姆的怀中啼哭呕吐。
然后是背着书包、满脸红光的学童，
像蜗牛一样慢腾腾地拖着脚步，不情愿地呜咽着上学堂。
然后是情人，
像炉灶一样叹着气，写了一首悲哀的诗歌咏着他恋人的眉毛。

然后是一个军人，
满口发着古怪的誓，动不动就要打架，
在炮口上寻找着泡沫一样的荣名。
然后是法官，
胖胖圆圆的肚子塞满了阉鸡，
凛然的眼光，整洁的胡须，满嘴都是格言和老生常谈；
他这样扮了他的一个角色。
第六个时期变成了精瘦的趿着拖鞋的龙钟老叟，
鼻子上架着眼镜，腰边悬着钱袋；
他那年轻时候节省下来的长袜子，
套在他皱瘪的小腿上显得宽大异常；
他那朗朗的男子的口音又变成了孩子似的尖声，
像是吹着风笛和哨子。
终结着这段古怪的多事的历史的最后一场，
是孩提时代的再现，全然遗忘，
没有牙齿，没有眼睛，没有口味，没有一切。

关于人生的发展，心理学家研究具体的各个阶段，很多文人也进行过各种描述。请问莎士比亚的这段话剧台词中表达了人生的哪七个阶段？

莎士比亚通过一个人物之口描述了人生的七个时期，先是婴孩、儿童，然后是爱人、军人、法官和老叟，最后是第二次“童年”。其实，这不仅是人生阶段的描述，更是表达了人生的不同角色。学生会怎么理解人生的各个阶段以及相应的角色内容，往往也代表着心理发展的成熟度。所以我们可以请学生来思考人生的各个阶段以及相应需要完成的主要任务和扮演不断成长发展的各种角色。

一些职业发展理论提出者也主要是从生涯发展的阶段性、发展任务和角色等来研究人们的职业生涯发展。埃利·金斯伯格认为职业发展是长期的过程，并把它分为3个阶段——幻想期、尝试期和现实期，并认为人们就是在职业和现实可找到的工作之间，以职业决策作为最佳的调节手段。

和学生分享表2-1金斯伯格的职业发展阶段，并进行一定的分析描述，并和学生分享在各个阶段经历的一些“生涯故事”。

表2-1 金斯伯格的职业发展阶段

1	2 a b c d	3 a b c
幻想期	尝试期	现实期
	a. 兴趣阶段	a. 探索阶段
	b. 能力阶段	b. 固化阶段
	c. 价值阶段	c. 明确阶段
	d. 过渡阶段	

（1）幻想期：儿童在游戏中根据所见成人的表现来扮演职业角色，则是出于幻想期。儿童可以不考虑现实的能力和潜质，仅为了高兴而在游戏中做著名运动员、天文学家、运动明星、火车司机等。

（2）尝试期又可分为兴趣、能力、价值和过渡阶段。

a. 当你意识到你喜欢某些东西不喜欢某些东西，兴趣阶段就开始了。

b. 当你发现某些事情你做得比别人都好，你就进入能力阶段。

c. 当你发现某些东西对你比对别人更为重要，价值阶段就出现了。

d. 过渡阶段时你变得更加自信、更有职业意识，还会带你进入现实期。

（3）现实期：

a. 现实期的探索阶段是你刚刚进入大学或开始全职工作、在探索几种不同的职业时，这时你可能还不需要选定一种职业。

b. 固化阶段，你选定了大学的主修专业或某种职业方向，职业模式出现了。

c. 最后是明确阶段，你在研究生院专攻某个学科或者选择了特定的工作。

有一些人很早就选定了职业不再改变，也有很多人在有确定的职业模式前换过很多职业。有一些人则从未完成这个过程，从未确定自己的职业模式。

高中阶段将是职业生涯发展的重要阶段，我们渡过了幻想期，来到了尝试期，逐渐了解自己的兴趣、能力和价值，到了高三差不多就到了过渡阶段，着手我们的志愿填写，为进入职业的探索阶段进行充分的准备。

（二）我的生涯故事——生涯发展回顾与展望

从出生到现在，你已经走过了十几年的岁月，从懵懂的孩提到青涩的少年，再到如今的初长成人，在你的生命中曾经发生了怎样的事情，接触过怎样的人，他们对你演变成为今天的你都产生了或多或少的影响。

（1）现在请你好好回顾一下自己的生涯故事，并填在下面的“我的生涯故事表”中。

我的生涯故事

时间（年龄）	事件	想到这件事产生的情绪（感受）

如果你愿意，可以与其他同学分享交流你的“我的生涯故事表”，然后一起讨论以下问题：

① 发生的哪些事情令你发生了变化?

② 这些事件中，你为何有那样的情绪状态？这些情绪状态持续了多久?

③ 有没有想起一些对你有影响的人？他们对你最大的影响是什么?

④ 完成“生涯故事表”，你的感受或收获是什么?

(2) 我们可以根据生涯故事的分享来进一步完成生命线，一方面回顾过去经历的生涯事件，另一方面进行对未来的预想和展望。

生命线是你我都有的东西，人手一份，不多不少。人间有多少条性命，就有多少条生命线。生命线就是每人生命走过的路线。

请备一支红蓝铅笔，彩笔也行，用颜色来区分在生命各个阶段的心情。

我们可以先从过去回顾到现在，结合上面的生涯故事完成生命的前面部分线条。接下来，我们为自己的未来进行设想：可能发生的事件，比如失恋，那个时候你的情绪感受是什么？比如找到一份还算满意的工作，你的情绪感受是什么？比如你的孩子来到了你的世界，比如你远离家乡走到了陌生的地方，等等。最后，你希望自己的生命线在多少岁的时候停下来，那个瞬间，你希望自己的情绪怎样？你可能会想到什么?

__________的生命线

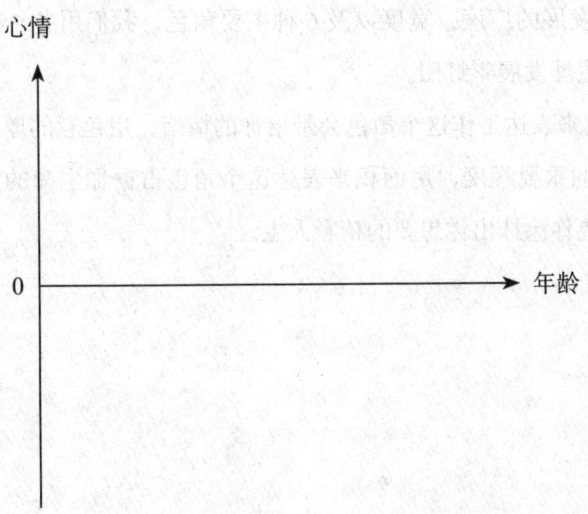

（三）生涯彩虹图——生涯发展角色

生涯的英文是“career”，意思是指两轮马车，引申为道路，也就是人生的发展道路。生涯发展大师舒伯（Super）认为，生涯是指一个人在一生中所扮演的角色的综合及结果。一个人在一生中扮演着许许多多的角色，比如学生，在家庭里扮演着儿女的角色，在学校里扮演着学生的角色，到了就业岗位则开始扮演工作者的角色。这些各式各样的角色和行为结果，就连缀成我们的生涯。

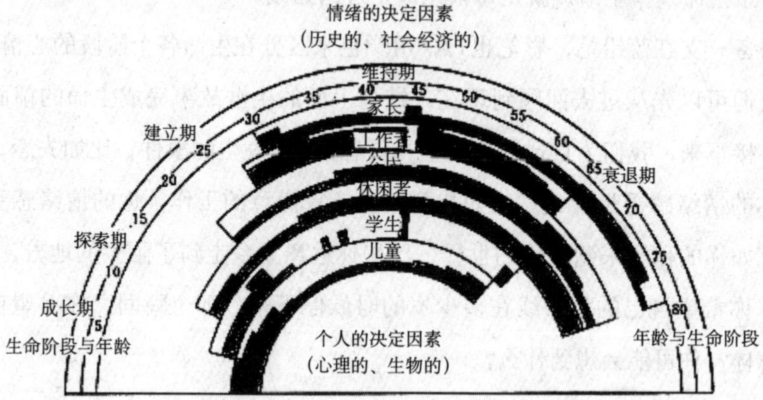

把生涯发展的各种角色铺在各个阶段就形成了我们生涯发展的彩虹图。根据舒伯提出的生涯发展的广度、宽度以及 6 种主要角色，我们用各种不同颜色的笔来完成自己的生涯发展彩虹图。

请用多种颜色来表达工作这个角色会带给你的情绪，用色彩的厚度来表达这个角色在你心中的重要程度，用面积来表达这个角色占据你生命的宽度广度等，最重要的，希望你涂抹出你想要的精彩人生。

______的生涯彩虹图

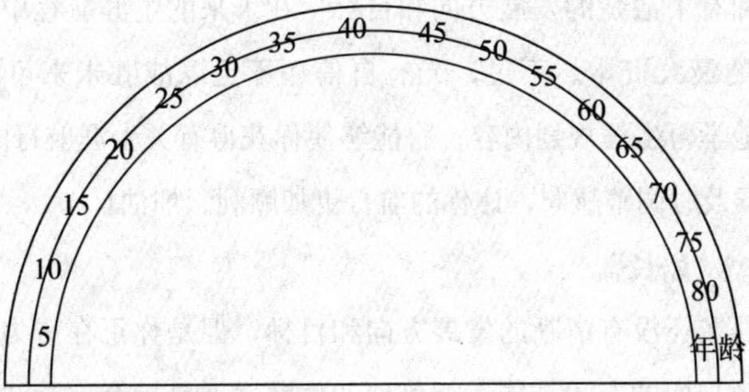

（四）成为自己生涯发展的“船长”

你是哪种类型的生涯船长

你的生涯之船已经起锚，在茫茫大海中，你将怎样前行？下面是一张生涯船长类型分析图，请你依次回答，你将会知道自己是哪一种类型的生涯船长。

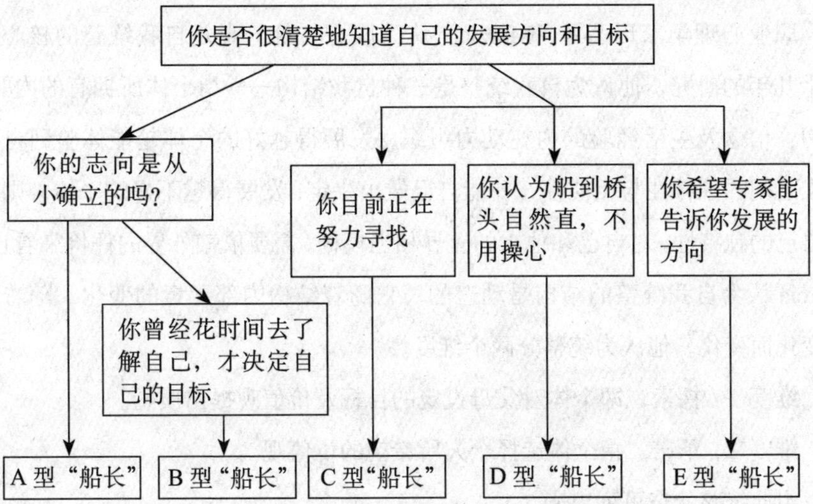

图2-1　生涯“船长”

1. 致 A 型“船长”和 B 型“船长”

你已经拥有了清楚的发展方向和目标！在未来的生涯航程中，你的充足自信将成为你的最大资本。不过，光有自信还不足以战胜未来可能出现的惊涛骇浪，用心地学习生涯规划内容，将能够使你获得有关生涯航行的知识和技巧，在必要的时候及时调整航向，让你的航行更加顺利。加油！

2. 致 C 型“船长”

虽然你现在还没有清晰的发展方向和目标，但是你正在努力探索，通过学习应用生涯规划中的有关技能，相信你的生涯发展目标会逐渐清晰起来，你一定能够尽快找到自己人生的方向。

3. 致 D 型“船长”及 E 型“船长”

虽然你现在还没有清晰的发展方向和目标，还在等待时机的来临，通过学习你可以发现自我、了解工作与职业，这些信息的吸收、了解和运用将是决定你生涯方向的重要起点，因为，你才是自己生涯发展的主人。

职业心理学家玛茜亚（Marcia）认为职业与价值观是自我统整的核心。经过十几年的研究，他认为自我统整是一种自我结构——指个体所拥有的内驱力、能力、信念及生活经验的内在动力组织。发展得越好的个体越能体验到自己与他人之间的独特性与相似性，并能自己做出决定；发展得越不好的个体，则不清楚自己的独特性，对自己和他人的差异相当模糊，需要依赖外界的评价来看自己。Marcia 认为自我统整的结构是动态的，它随着结构内部元素的变化、随着时间的变化而变化。他认为统整分两个维度。

维度一：探索，即个体对父母设定的目标及价值观提出质疑。

维度二：承诺，指个体选择个人所希望的价值观。

由此统整状态可列出表 2-1

表 2-2　统整状态

承诺＼探索	无	有
无	迷失方向	寻求方向
有	他主定向	自主定向

从表 2-2 可以看出自我认定的状态有四种：

(1) 自主定向：指个体在进行一段时间的探索后已形成了一个比较稳定的自我认识，表示问题已经由个体自主自发地解决了。

(2) 他主定向：指个体毫不怀疑地全盘接受父母的价值观并作出了承诺。他主定向者的内在动力相对比较僵化。对部分人来讲，他主定向是发展的起点，未来也可以进行探索而成长。

(3) 寻求方向：指个体对以往的价值观提出了质疑并寻求认定。寻求方向者正努力在进行探索，以达到职业价值观层面的认定。

(4) 迷失方向。指个体拒绝或没有能力进行探索和承诺，或只有表面的探索。迷失方向者往往倾向朝最少矛盾和困难的道路上前行。这是四类自我认定中发展得最不好的类型。

“你是哪类生涯船长”测试是根据青少年在面对自己生涯发展时的四种选择状态来设计的。船长的类型就是由上述四种自我统整状态转化而来的。

A 型“船长”：属“他主定向”型。这一类学生往往会认为自己已经有清楚的发展方向及目标。但实际上他们的方向及目标可能来自家长、老师或社会的影响及他人鼓励的结果，他们缺少自我探索的过程。

B 型“船长”：属“自主定向”型。从心理发展角度看，自主定向是最佳发展状态，这一类学生清晰的发展方向与目标是经过探索的过程得来的，因此十分自信而坚定。但在青少年阶段发展至自主定向的学生并不是很多。

C 型“船长”：属“寻求方向”型。这是发展中的类型。对这类学生要多加鼓励，并教给方法，努力使他们发展成 B 型自主定向者。

如果探索不当或缺少支持，C 型学生也可能转化为 A 型，即接受外来的方向与目标。当然，如转化为 D 型或 E 型就不太好了。

D 型“船长”和 E 型“船长”：属“迷失方向”型。他们也希望自己能有确定的方向和目标，但是缺少探索的动力，或听从命运的安排，或请他人来帮助。这类学生往往思想上较保守，或在人生经历中有较多的挫折，因而不敢规划未来。这类学生需要更多的鼓励和帮助。

（五）总结

在一次演讲会上，一位老师提到了“生涯和工作”的话题，尽管并不新鲜，但他用了一个很有趣的比喻。他说，什么是“生涯”呢？就是看着自己的手表不断地感叹时间过得如此仓促，乃至于不够用。什么是“工作”呢？同样是看着自己的手表，感叹的却是什么时候才能下班呢？难道我的手表出问题了吗？

这是一个很有趣的比喻。生涯可以说成是我们心中的理想，是我们毕生追求的事业，对于我们热爱的东西，我们都会有种迫切要得到和加倍珍惜的想法，因此我们会觉得投入在“生涯”上的时间不够用。工作，我们更多的时候是作为一种任务去被动地完成。事实上当我们仔细思考的时候会发现，我们投入其中的很少。只有我们去完成理想中的工作的时候，我们才会忘记时间、忘记自己。而更多的时候，我们也许是坐在办公室里看着墙上的闹钟，数着每一秒想着下班。

每个人都有自己的生涯。我们必须在今天付出更多的汗水和努力，这样才能追求到心中的生涯，才能让生涯变成将来的工作。

【教学反思】

一直思考艺术和心理学的相通之处，心理学也有很多艺术疗法的研究。所以在课程设计的时候用了著名的莎士比亚话剧来作为课程的引入。但是在不同的班级产生的效果似乎差别很大，而且效果和学生的话剧表演力有很大的关系，这一部分恰恰不是教师在设计课程的时候能够把握的。

这让我对课程的引入部分有了更进一步的思考：引入部分是否必须？引入的时间机动性和内容的多样性是否合理？

我们受到的熏陶通常认为好的开始就是成功了一半，所以很多时候我们就在课程设计的时候进行精心的设计，周密的思考。走进课堂以后，面对生动的灵魂，这样的设计更多实现了形式美感的同时，却把心理学和学生的生活拉开了一个遥远的距离。

笔者的实践发现，有的班级喜欢直接开始讲金斯伯格的职业生涯发展阶段，有的班级适合图片播放的生涯阶段的连续幻灯，有的班级则希望参与到话剧表演中进行身心的体验。引入内容的多样性必然使得结果会有很大不同。

这可能就是教学的魅力所在，多样的形式渗透进活动的灵魂之处，因学生不同而不断调整，核心的永远不变，就是产生生动的体验和积极的成长。

【教学建议】

（1）课程设计中对主题深入浅出的探讨，希望帮助学生对于自身的生涯发展有比较全面的信息提供和引导，所以在时间上的考虑就显得欠缺。教师在实际上课时，可根据学生的实际需求和教学现状进行课时的安排和内容的增减。

（2）在青少年时期就有了人生发展目标和较为清晰的生涯规划，职业发展成功的案例很多，教师可引导学生收集这类例子分享讨论，帮助学生寻找榜样模仿学习。

（3）职业生涯发展阶段的介绍，如果能结合各个年龄阶段的活动照片，甚至直接用学生完成的相关任务的照片，往往会有更强的视觉冲击效果，也会更直观地了解生涯发展阶段不是空洞的理论，而是对于我们具体生命状态的总结，并进而引导我们的生涯发展。

（4）我的生涯故事

① 该活动重点是请学生写出自己生涯中“发展和转变”的关键事件。

② 可以用图画，也可以用简单的文字来完成。

③ 如果学生的童年和少年时代比较顺利，可以组织学生分享、交流。

④ 如果少数学生的童年和少年时代不是很顺利，甚至有痛苦的回忆或不可告人的隐私，需要注意尊重学生的感受和隐私。

（5）对高中学生谈具体的生涯规划，可能有些学生会觉得还很遥远，所以可以结合学生选科和志愿填写等方面的困惑，引导学生思考自己生涯发展的各个角度。

（6）学生在勾画自己的生命线时，教师可以参考指导语进行游戏的指导，但不一定要按照这样的指导语进行。但是，氛围的营造在这个游戏中的确很重要。分享的环节，同样需要尊重学生的隐私。

（7）可引导学生看《生涯规划，是唤醒，不是塑造》一文，思考生涯规划对人成长的意义在于方向上的指引和使发展步骤清晰的作用，但人生的幸福和成功的关键在于努力行动，并非有了规划就有了完美人生。

【教学资源】

生涯规划，是唤醒，不是塑造

我不反对生涯规划，但光凭生涯规划，并不能为你提供美好生活，无论你将计划执行得如何精确而完美，如果内心欠缺和谐的韵律，你将感到非常挫折。在一连串费尽心力地规划后，记得照料内心的秘密花园。有些人终其一生，在外寻找奇花异卉，却从来不知道，最珍奇的植物，已在荒芜的废园中枯萎。即使在生涯规划已经安稳之后，你仍必须不时送给它一个问号：这样的日子可是你真正想要的？有没有什么东西，一直被你的规划忽略？你听见你心里的声音了吗？

“心里有声音吗？”也许，你会这样问我。我很肯定，虽然内心的声音是无声的，也很害羞而怕生，但是，它一定存在。即使在深深的沙漠之下，也有淙淙流水，它在，只是你还没有挖掘到它。如果你不断向前走，没有遵循内心的律法，那么，你会浪费许多时间和气力，只是在走一条被设定好的老路，绕了半天，不知不觉又回到原处。

心理学家 AbrahamMaslow 说过：“我们每个人内心都有个声音，试图指出我们生命所应依循的方向，如果我们因为软弱、眼前的利益，或为了其他原因不去倾听，我们就会悲惨而空虚。”而印度的圣者也早已编织如是的智慧话语：“只有心灵和谐的人，才能体验大自然的和谐，内心混沌的人，只会发现四周混乱。”

在我惶然不安，或被空虚袭击时，我总企图让自己安静，倾听。

我不是说社会、物质条件、金钱、权力、地位、生涯规划这些外在的东西不重要。它们很重要，可以使我们的外在活得好，但如果只有它们，我们只会活在表象里，欺人或者自欺，而无法好好去倾听生命的真正旋律。

苏格拉底的父亲，是一个著名的石雕师傅。

表面上，他没有承传父亲的职业，在那个职业世袭的时代，一反常态地成为一名哲学家。希腊文明在他的影响下，开出另外一朵灿烂的花。

而事实上，他仍然只是石雕师傅。

他雕刻心灵。依他父亲所教导的方式。

有一回，他的父亲正在雕一只石狮子。小小的苏格拉底观察了好一阵子，终于问出他的疑问：怎么样才能成为一个好的雕刻师？

“看，”他父亲说，“以这只狮子来说吧！我并不是在雕这只狮子，我只是在唤醒它！”

“唤醒？”

“狮子本来就沉睡在石块中，我只是将它从石头监牢里解救出来而已。”

哲学家也并不是创造者，他们只是希望将人类的灵魂解救出来而已。每个人的灵魂有自己的样子，不能被别人创造。我们的灵魂，都是石块里的狮子，并不是一块随你捏造的软泥。如果他是一只鹰，你硬要将他捏成一只羊，那么，你将截断他可以翱翔四海的翅膀；如果他只是一只羊，而你硬要他飞翔天际，那么，你尽了再多的努力，也不过白费力气。

如果真的需要“生涯规划”这个名词的话，它是唤醒，而不是塑造，这一点是很重要的。

如果有灵魂，就有它独特的唱腔。

只有以自己的方式唱出真正的声音，在这彷彷徨徨的人海中，生命才没有遗憾。

你的声音，是什么样的声音？

你听见自己的声音了吗？

还是，仍然像个小学生，按照考试的顺序来准备功课，填写一连串的必读功课表及座右铭，乐此不疲？

领导生活，不要让生活牵着鼻子走。

这是生涯规划的前提。

尊重自己内心的声音，不要斤斤计较外在的掌声。

如果你非要规划不可，那么在做生涯规划前，要充分认识自己。这是充分必要条件。

做生涯规划后，还要有一层心理准备：“人生就是在你计划外发生的那些事。”

有句西方俗谚就是这么说的。

第三章

工作世界

【教学背景】

人存于世，会邂逅形形色色的人，更要扮演各种各样的角色。这样的角色可以是孩子、朋友、父母……也可以是工人、医生、教师……前者是我们作为一个社会人所必然要承担的角色，后者则是我们作为一个社会人所必须要选择的角色。而且，后者更是我们用有限生命创造无限价值、进而增加生命密度的媒介！这，就是职业！

不同的职业，承担着不同的工作，且创造着不同的社会价值。恰好，每个人各自追求着不一样的人生价值，于是形形色色的职业，便是形形色色之人的最好外衣。找到并穿上适合自己的外衣，秀出属于自己的光彩人生，这应该是人生最好的礼物！

但是，不少人对自己的职业方向还是不甚了解。据《职业》杂志和搜狐教育频道共同开展的《大学生就业职业指导现状》调查表明，在参加调查的9778人中，对于“你是否了解想要进入的行业发展前景”，只有27.4%的人曾经向业内人士咨询过该行业的情况，52%的人没有研究过。对于“你是否了解目标公司的选才要求和用人标准”，“不清楚”的人占了23.9%，33.9%的人回答“还行吧，大概能想象”。这说明很多人在进行职业规划时其实还是很茫然、很盲目的，这势必会给职业生涯带来不利的影响。

本课着眼于对工作世界的探索。通过课前的职业(包括常规职业与新兴职业)调查，与课上的家族职业树的绘制，向学生展示各色的工作世界，让他们了解职业的分类与发展趋势，不同职业对人的要求等，不断理清对职业的认识，引发学生对自己未来职业方向的思考。

【教学设计】

教学目标

(1) 通过完成家族职业树，对身边的工作世界有一个直观的认识。

(2) 通过采访调查，全面地了解职业分类和特征，及不同职业的要求和职场人的感受等；

(3) 结合自己对未来职业方向的思考，做好高中阶段的准备。

教学对象

高中学生

教学准备

(1) 请学生了解职业分类现状，尤其是一些新兴职业；

(2) 课前根据学生对自己未来职业方向的大致意愿，将学生分组，调查他们期望了解的职业；

(3) 寻找感兴趣职业的招聘广告。

教学过程

（一）导入

1. 猜猜我的新工作

失业浪潮席卷台湾，从学校毕业后工作了十年的我，在这波失业浪潮中选择更换工作，很多人为我捏了一把冷汗，但是我现在的工作好得很，且听我说说这个新工作吧！

2. 老板纵容！自由自在没压力

我现在一家小小的公司上班，虽然薪水比以前少了一万多元，但是老板对我好得不得了，不但上下班不需要打卡、签到，上班完全可以随便穿，爱穿什么就穿什么，甚至不涂口红，老板也不会皱眉头。

平常不用加班、开会、写企划案，也没啥业绩的压力，有重要的事情只要口头报告就可以了。

老板每天都会外出忙别的业务，所以根本不会盯着我办公，这种情况之下，我每天都会利用上班的时间，安排一些休闲的活动，像看看电视、喝喝咖啡、打打电话、玩玩电脑等，累的话就小睡一会儿。

有时候下午我还会和同事去百货公司换个纪念品，再不就是去喝个下午茶之类的，虽然说溜号有些不道德，但是我们仍保有良知，总会在老板进门之前回来。

老板是个老实人，对我们员工非常好，每个月都办员工旅游活动，有时候中午还会带我们去大餐厅吃饭呢！生日的时候，礼物绝对少不了，最感动的是，他还会亲自唱生日快乐歌给你听，光是这一点，以前的老板全都做不到。

3. 同事难缠！念他年幼不计较

听我这么一连介绍下来，你是不是很羡慕我能找到这种工作，并且遇到这种好老板？

我猜已经有人想探听我们公司缺不缺人了，对不对？

哎！其实这个工作也有它不好的一面，由于这是个小公司，上上下下只有老板、我和另一个同事三人，所以喽！根本没什么升迁的机会，不过因为我是个不慕名利的人，而且老板已经非常器重我了，也就不好再和老板计较了。

这份工作唯一恐怖的是，我的同事非常难相处，要不是我情商高，别人可能早就不干了。

我这个同事不但任性，我甚至怀疑他有“躁狂症”，动不动就暴跳如雷，不然就是鬼哭狼嚎地乱叫；也许是我们年龄相差太多，每次讲道理给他听，他完全不理会，我想可能是听不懂吧！

另一方面，他的卫生习惯也不好，吃东西总是东掉一点儿，西撒一些的，饮料更是常常弄翻一桌子，偶尔还会大小便失禁，搞得办公室臭气冲天，我和老板都没辙。

有时候我想想，上帝可能是要派这个同事来磨炼我吧？我也只好默默地接受喽！

猜猜我的新工作是什么？

请学生进行短小的讨论，然后揭开谜底。

谜底：我——家庭主妇；老板——丈夫；同事——孩子

（二）了解职业分类，认识工作世界

教师：从刚才的那个故事就可以看出，我们现在的职业分类远远已不再是三百六十行，除了我们常见的传统职业分类以外，还出现了很多新行当，现在我们就一起来看看究竟有哪些职业分类。

学生分享课前搜集的信息，教师作适当补充。教师也可以事先做一些规定，让学生去搜集信息，例如：传统的职业，热门的职业，新兴的职业，最令人羡慕的职业，等等。

（三）主题活动——家族职业树

教师：我们对职业的最初认识是来自于我们对家人职业的了解，现在就请大家完成家族职业树，填写家人和亲戚的具体职业。

家族职业树

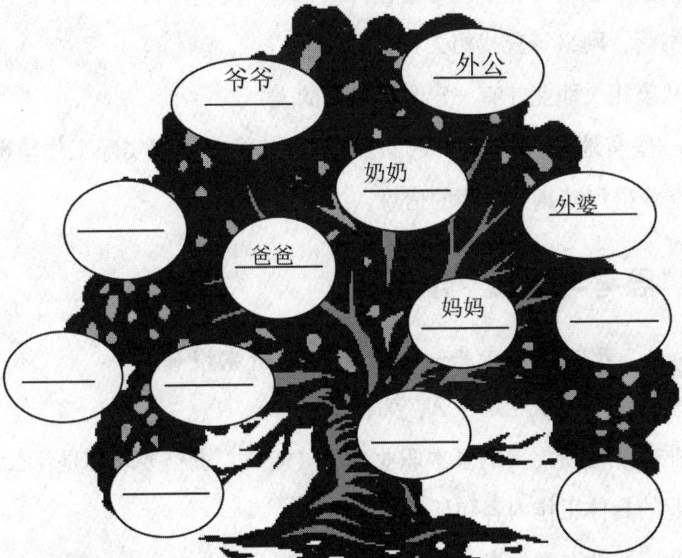

请学生思考：

（1）你的家族中人从事最多的职业是____________

（2）你的家人的职业集中在____________领域（技术，管理，服务，研究）

（3）你的家人希望你从事的职业是____________

（4）你会考虑的职业是____________

（5）你绝不会考虑的职业是____________

（6）你感兴趣的职业是____________

（7）你看重的职业使你获得____________

（四）主题活动——招聘广告

学生分组研究课前寻找的招聘广告，全班交流招聘的要求。

（五）教师总结

搜集职业信息，通常有以下几个途径：

（1）通过书籍、网络等查找相关资料；

（2）访谈从事相关职业并有一定工作经验的人；

（3）通过一些实地见习、实习或担任志愿者的机会了解实际工作情况。这样才能获得比较真实全面的信息。

（六）布置“思考与实践”作业

开创你的未来——生涯规划研究报告

（1）你将来想从事的职业是什么？为什么？

（2）该行业或职业所需要的基本职业素质（能力、资格要求）是什么？

（3）该职业的具体工作内容和任务是什么？

（4）该行业或职业对大学专业的要求？

（5）哪些大学有和你想从事职业相关的专业设置？在上海近三年的录取分数、人数和就业情况如何？（请分层次）

（6）这些大学 / 专业在招收高中毕业生时对加一学科有什么要求（关于分科）？

（7）你目前状况和理想的距离以及你准备采取的行动：

（8）如果条件允许，请你采访一位正在你想学专业就读的大学生和正从事你想从事职业的工作人士，了解一下他们对该专业 / 该职业的感受，以及他们实现梦想的历程，再看看和你的设想有无差距。

【教学反思与建议】

（1）对于家族职业树，有的学生可能不愿意公布家族成员的职业，也有的学生了解亲戚朋友的职业很有限，有些学生可能在完成的时候有一定的困难……教师需要根据具体情况给予解决，对于希望保密的同学可以让其只公布职业，不写亲戚朋友的称谓。而对于信息较少的学生则需要引导其扩大“家族”的范围，如写亲戚朋友曾经从事的职业也可以。

（2）教师可以找到很多种关于职业分类的方法，所以教师可以根据自己了解的视角介绍给学生，也可以要求学生在课前查找一些资料，在上课的时候让学生来介绍调查结果。职业世界并没有固定的分类方法，只要学生能多角度多方面了解职业世界，为自己职业生涯规划提供翔实的信息即可。

（3）采访和调查是一次很有意义的实践活动，调查本身是锻炼，了解感兴趣的职业，可以获得很多直接的信息，所以教师课前可以和学生一起讨论调查的提纲，以及调查前后的注意事项。

（4）调查感兴趣的职业，不仅仅是对职业本身的了解，更重要的是了解职场人的感受，这对学生的启示作用更大。尤其是对个人基本能力和素养的要求，有助于学生思考如何在现在和大学阶段做好准备。

（5）教学资源里列举了一个调查的提纲供参考，不仅包括对职业世界的了解，还包括了后面章节课程可能需要的有关个性、兴趣、能力、价值观以及专业职业选择等方面的内容，教师可以让学生都一起调查好，以备后续上课之用。

【教学资源】

（一）职业分类

社会分工是职业分类的依据。在分工体系的每一个环节上，劳动对象、劳动工具以及劳动的支出形式都各有特殊性，这种特殊性决定了各种职业之间的区别。

世界各国国情不同，其划分职业的标准有所区别。

1. 国外分类

根据西方国家的一些学者提出的理论，在国外一般将职业分为三种类型：

（1）按脑力劳动和体力劳动的性质、层次进行分类。这种分类方法把工作人员划分为白领工作人员和蓝领工作人员两大类。白领工作人员包括：专业性和技术性的工作，农场以外的经理和行政管理人员、销售人员、办公室人员。蓝领工作人员包括：手工艺及类似的工人、非运输性的技工、运输装置机工人、农场以外的工人、服务性行业工人。这种分类方法明显地表现出职业的等级性。

（2）按心理的个别差异进行分类。这种分类方法是根据美国著名的职业指导专家霍兰创立的"人格—职业"类型匹配理论，把人格类型划分为六种，即现实型、研究型、艺术型、社会型、企业型和常规型。与其相对应的是六种工作环境类型。

（3）依据各个职业的主要职责或"从事的工作"进行分类。这种分类方法较为普遍，以两种代表示例。其一是国际标准职业分类。国际标准职业分类把职业由粗至细分为四个层次，即 8 个大类、83 个小类、284 个细类、1506 个职业项目，总共列出职业 1881 个。其中 8 个大类是：①专家、技术人员及有关工作者；②政府官员和企业经理；③事务工作者和有关工作者；④销售工作者；⑤服务工作者；⑥农业、牧业、林业工作者及渔民、猎人；⑦生产和有关工作者、运输设备操作者和劳动者；⑧不能按职业分类的劳动者。这种分类方法便于提高国际间职业统计资料的可比性和国际交流。其二是加拿大《职业岗位分类词典》的分类。它把分属于国民经济中主要行业的职业划分为 23 个主类，主类下分 81 个子类，489 个细类，7200 多个职业。此种分类对每种职业都有定义，逐一说明了各种职业的内容及从业人员在普通教育程度、职业培训、能力倾向、兴趣、性格以及体质等方面的要求，有较大的参考价值。

2. 我国职业分类

根据我国不同部门公布的标准分类，主要有两种类型：

（1）第一种：根据国家统计局、国家标准总局、国务院人口普查办公室 1982 年 3 月公布，供第三次全国人口普查使用的《职业分类标准》。该《标准》依据在业人口所从事的工作性质的同一性进行分类，将全国范围内的职业划分为大类、中类、小类三层，即 8 大类、64 中类、301 小类。其 8 个大类的排列顺序是：第一，各类专业、技术人员；第二，国家机关、党群组织、企事业单位的负责人；第三，办事人员和有关人员；第四，商业工作人员；第五，服务性工作人员，第六，农、林、牧、渔劳动者；第七，生产工作、运输工作和部分体力劳动者；第八，不便分类的其他劳动者。在八个大类中，第一、二大类主要是脑力劳动者，第三大类包括部分脑力劳动者和部分体力劳动者，第四、五、六、七大类主要是体力劳动者，第八类是不便分类的其他劳动者。

（2）第二种：国家发展计划委员会、国家经济委员会、国家统计局、国家标准局批准，于 1984 年发布，并于 1985 年实施的《国民经济行业分类和代码》。这项标准主要按企业、事业单位、机关团体和个体从业人员所从事的生产或其他社会经济活动的性质的同一性分类，即按其所属行业分类，将国民经济行业划分为门类、大类、中类、小类四级。门类共 13 个：①农、林、牧、渔、水利业；②工业；③地质普查和勘探业；④建筑业；⑤交通运输业、邮电通信业；⑥商业、公共饮食业、物资供应和仓储业；⑦房地产管理、公用事业、居民服务和咨询服务业；⑧卫生、体育和社会福利事业；⑨教育、文化艺术和广播电视业；⑩科学研究和综合技术服务业；⑪ 金融、保险业；⑫ 国家机关、党政机关和社会团体；⑬ 其他行业。这两种分类方法符合我国国情，简明扼要，具有实用性，也符合我国的职业现状。

根据不同标准的职业，可有不同的分类方法。如：从行业上划分，可分为一、二、三产业；从工作特点上划分，可分为务实（使用机器、工具和设备的工种）、社会服务、文教、科研、艺术及创造、计算及数学（钱财管理、资料统计）、自然界职业、管理、一般服务性职业等 10 多种类型的职业。每一种分类方法，对其职业的特定性都有明确的解释，这对我们更好地掌握某一职业的特点，去选择适合自身职业有指导作用。

根据职业产生的发展历史及其对人类社会发展的影响，职业具有以下特征。

（1）产业性。一个国家，一个社会，就大的方面可以分为三类产业。第一产业和第二产业都是物质生产部门，第三产业虽然并不生产物质财富，但却是社会物质生产和人民生活必不可少的部门。在传统农业社会，农业人口比重最大；在工业化社会，工业领域中的职业数量和就业人口显著增加；在科学技术高度发达和经济发展迅速的社会，第三产业职业数量和就业人口显著增加。

(2) 行业性。行业是根据生产工作单位所生产的物品或提供服务的人不同而划分，它是按企业、事业单位、机关团体和个体从业人员所从事的生产或其他社会经济活动性质的同一性来分类。某行业的职业内部，其劳动条件、工作对象、生产工具、操作内容相同或相近。由于环境的同一，人们就会形成同一的行为模式，有共同的语言习惯和道德规范。不同职业间存在着很大的差异，劳动条件、工作对象、工作性质等都不相同。随着社会的进步和发展，新的职业（如经纪人等）将会不断涌现，各种职业间的差异也会不断变化。

(3) 职位性。所谓职位是一定的职权和相应责任的集合体。职权和责任是组成职位的两个基本要素。职权相同，责任一致，就是同一职位。在职业分类中每一种职业都含有职位的特性。从社会需要角度来看，职业并没有高低贵贱之分，但是，现实生活中由于对从事职业的素质要求不同以及人们对职业的看法或舆论的评价不同，职业便有了层次之分，这种职业的不同层次往往是由于不同职业体力、脑力劳动的付出、收入水平、工作任务的轻重、社会声望、权力地位等因素决定的。

(4) 组群性。无论以何种依据来划分职业都带有组群特点。如科学研究人员中包含哲学、社会学、经济学、理学、工学、医学等，再如咨询服务事业包括科技咨询工作者、心理咨询工作者、职业咨询工作者等。

(5) 时空性。随着社会的发展和进步，职业变化迅速，除了弃旧更新外，同一种职业的活动内容和方式也会发生变化，所以职业的划分带有明显的时代性，不同时代有不同的热门职业。我国曾出现过的“当兵热”“从政热”，后又发展到“下海热”“外企热”等，都反映出特定时期人们对某种职业的热衷程度。

《中华人民共和国职业分类大典》将我国职业归为 8 个大类，66 个中类，413 个小类，1838 个细类（职业）。8 个大类分别是：

第一大类：国家机关、党群组织、企业、事业单位负责人，其中包括 5 个中类，16 个小类，25 个细类；

第二大类：专业技术人员，其中包括 14 个中类，115 个小类，379 个细类；

第三大类：办事人员和有关人员，其中包括 4 个中类，12 个小类，45 个细类；

第四大类：商业、服务业人员，其中包括 8 个中类，43 个小类，147 个细类；

第五大类：农、林、牧、渔、水利业生产人员，其中包括 6 个中类，30 个小类，121 个细类；

第六大类：生产、运输设备操作人员及有关人员，其中包括 27 个中类，195 个小类，1119 个细类；

第七大类：军人，其中包括 1 个中类，1 个小类，1 个细类；

第八大类：不便分类的其他从业人员，其中包括 1 个中类，1 个小类，1 个细类。

（二）新兴职业

“生活就像一盒巧克力，你永远不知道你会尝到哪种口味！”

来，签收垃圾

最初的时候，25 岁的周栗允和所有的大学毕业生一样，好不容易从人潮汹涌的就业大军中脱颖而出，在一家百货公司找到了工作。

周栗允上班才一个月，恰逢公司周年庆，人事部门搬出了一大箱一大箱的东西，发放给大家当福利。待发放的物品，早已装在一个个袋子里，看不到里面的具体物品。发放的方式也很有趣——任你抽，你拿了哪个，那里面的东西就属于你了。“真好玩！”周栗允对于这样派发物品的方式感到非常新鲜。虽然拿到手的不过是一些卷发棒、别针、发夹、钱包之类的库存货，但是周栗允还是觉得很开心。其实，这种方式最让人津津乐道的就是一种“期待”的心情，公司借此机会将卖不出去的库存货出清，又乐得给员工派发小惊喜，真是一举两得啊！

有一回，周栗允和几个开网店的朋友闲聊，说起自己店的经营情况，几个店主都叫苦连天：“库存太多，很多淘汰的商品价很低都卖不动，仓库被占用了，好烦！当废品卖，那些东西基本都是全新的，太浪费了！鸡肋呀！”

"要不，你们把那些陈旧货都作价处理卖给我？"周栗允随口说道。"可以啊！你明天就找车子来运走，价格随便你算。"朋友们巴不得赶紧有人接走这烫手的山芋。隔天，她找到一辆小货车，花了两千元钱不到，就把朋友们库存的东西论斤买下来。

周栗允的葫芦里卖的什么药？她心里早有主意：可以把这些"垃圾"打包出售，就像在百货公司领到的福利袋一样，随机打包出售，买的人在付款的时候压根儿不清楚自己究竟能买到什么东西，仿佛抽奖一样，若是收到的东西确实够惊喜，那么肯定能吸引到无数人前来体验的！

就这样，挑挑拣拣，将这些物品稍微分类之后，周栗允开了一家网络小店，店里卖的东西很简单，只有几个价格，9.9 元、19.9 元、29.9 元、39.9 元、49.9 元不等的若干款"超级垃圾"。

这么奇怪的方式，真的有人买吗？没想到，上线没两天，她竟然真的接到单子了！第一个吃螃蟹的人，是一位天津的小姑娘，她拍下了 29.9 元的垃圾。三天后，周栗允迎来了第一个"好评"——"最初决定买'垃圾'，就是觉得新奇，在等待东西的过程中有一种充满期待的愉悦感。结果收到的真的是一个黑色环保垃圾袋，邮差进来的时候冲着我说：'来，签收垃圾！'我当时就觉得这东西太给力了，赞！"

卖的不是垃圾，是惊喜

"生活就像一盒巧克力，你永远不知道你会尝到哪种口味！"周栗允给自己的"超级垃圾"写出了一句广告语。她在自己的微博上贴出"超级垃圾"的图片，绘声绘色地形容一番这个"给力"的垃圾宝贝。这个趣味帖子，很快在微博上被转载，新鲜的内容吸引了不少目光，转载率持续走高，不少人被吸引到网店来。

比如随机的一袋 19.9 元的"垃圾"里面，装了一个瘦脸夹、一个便携的小剪刀、一个音乐茶匙、一个手机座还有一个手机挂链。周栗允有个原则：卖出去的东西价值基本要比拍下来的价格划算。要让顾客觉得，怎么买，都是划算的。

其实，说白了，她的"超级垃圾"，卖的就是顾客从拍下来那刻直到把"超级垃圾"拿到手之间，那种期待的惊喜心情。期待感大于实际价值！当下的很多白领，在繁忙的工作生活之余，总喜欢找一些简单的乐子，这个"超级垃圾"就非常贴合他们的心情。"由于我不知道自己买了什么，所以打开垃圾袋的时候，有一种因好奇带来的愉悦感。"很多顾客对此都感觉非常新鲜，还有人把这个垃圾称为治愈系礼物！

周栗允还给小店制定了规则：一次限拍三个垃圾！因为里边的东西都是随机的，同一期间购买的产品很容易重复，在数量上限制了，顾客的新鲜感也能时时保持了。

短短一个多月的时间，她的小店顺利卖出了上千个“超级垃圾”，挣了一万多元的纯利润。

这个意外的成功，真的带给她太大的惊喜了。

发猎奇财，创意有亮点

能不能让“超级垃圾”再火一点儿呢？答案是肯定的。年轻人的创造力是无穷的。周栗允开通了一个 QQ 群，加了很多“超级垃圾粉丝”。“微博推荐有奖”，周栗允为“超级垃圾”搞了一个这样的活动。只要有网购超级垃圾，并且晒在自己“微博”上的网友，点击率超过 1 万或者评价超过 1 万，就能获得由“超级垃圾”送出的“巨型垃圾”作为奖励！这个“巨型垃圾”有多给力？答案也是五花八门。根据拿到这个“巨型垃圾”的网友透露，有人在精心包装的黑色环保袋内拿到了价值不菲的二手 LV 包包，也有人拿到了“限量版银币套装”，还有不少很给力的礼物。

为了制造亮点，有时候，店里也会根据一定的比例，真的寄出一袋货真价实的垃圾。一袋碎纸片、信封，或者其他杂七杂八的东西。收到的人也不会生气，反而觉得很逗趣，很无厘头。有时候也会出现很给力的画面，随机派发出一台 iPhone 4 或者 iPad 之类的热销产品。收到的顾客反应太强了，除了大加赞赏，还会上论坛、上微博直播。这么一来，吸引的客户就更多了。

现在，周栗允还开了一家“超级垃圾”实体店，网店也以每天近三百单的记录持续走红。而她进货的方式，就是像个收垃圾的人一样到实体店扫库存、尾货。她的目标是：人人都爱超级垃圾！

第四章

理想工作

【教学背景】

理想工作就是将来想要从事的职业或工作。

工作，是每个人立足于社会的基础；职业，是每个人都需研究的课题，将来要从事什么样的职业也是我们在成长过程中需要思考的问题，为之探索实践更加必要。

现如今，生活在这个信息爆炸的时代，多元化已成为社会发展的主流趋势，再加上新型职业的层出不穷，更加让人眼花缭乱，难以捉摸。这就显得了解职业的相关信息十分必要。

对理想职业的具体信息有所了解之后，才能有效地来确定自己的努力方向和目标，充实自己，做好准备，将来从事自己的理想职业，才能开心地工作，快乐地生活。

本课着眼于生涯规划中理想职业探索环节。活动伊始，通过对职业的具体信息要素的描述，一方面让同学们清晰地掌握要想了解一项职业需从哪些方面入手，另一方面为接下来的“我的理想工作的畅想”提供线索。对理想工作的畅想，实际上，就是现实地确定自己的理想职业，不空不虚，理想职业不只是理想，还得是能实现的。

【教学设计】

教学目标

1. 引导学生通过对自己理想工作的畅想，能根据一定的要素描绘理想工作的具体特征；

2. 结合现实职业调查和访谈，了解理想职业与现实世界的结合与差距，学会根据现实来调整对理想职业的期望；

3. 通过对一些学生崇拜的成功人士的奋斗历程进行了解，探讨实现理想的要素，明白理想职业的实现离不开目标的确立和奋斗的过程。

教学对象

高中学生

教学准备

（1）课前请学生按照下面的要求收集自己崇拜的成功人士的奋斗历程：

敢想爱拼才会赢

我的理想职业	我最看重该职业带给我的	该行业里我崇拜的偶像	TA 是如何实现理想的	TA 实现理想花费的时间	TA 的成功经验	我和 TA 相似之处

（2）学生每人一张A3白纸，彩色笔；

（3）准备轻松愉悦的音乐；

（4）多媒体设施。

教学过程

（一）导入

教师：出示几张自己制作的不同工作时期的大名片，解释内容的不同，然后从自己的梦想引入，让大家来设计自己的名片。

（二）主题活动——描述理想的职业生活

1. 描述理想的职业生活——时光穿越

在轻松愉悦的音乐声中，让学生闭上眼睛，在教师的指导语下进行想象。语速要缓慢，要留给学生想象的时间。

假使你穿越到十五年后的一天清晨，当你从睡梦中醒来，你感觉如何？站在卫生间的镜子前，你看到镜子里出现的你是什么样子？梳洗完后，你来到餐厅吃饭，早餐会吃点儿什么？和你一起用餐的是谁？你和他们说了些什么？

吃完饭后，你准备换衣服，今天你会穿什么样的衣服去上班？

出了家门，你回头望了一下，你的家是一个什么样的房子？小区环境如何？现在，你准备怎样去上班？步行还是搭乘什么交通工具？你大概会花多长时间到达你上班的地方？

到了单位，你觉得你的单位看上去如何？你碰到了你的同事，你和他们打招呼，他们怎么称呼你？你还看到有哪些人出现在这里，他们在干什么？

你在你的办公桌前坐下，开始安排今天的工作日程，你会怎么安排？上午的工作内容是什么？你的工作语言是什么？你会和谁一起工作？工作时会用到哪些东西？

工作期间，有人来拜访你，你和对方交换了名片，你的名片是什么样的？

你在哪里吃中餐？吃的是什么？和哪些人一起共进午餐？你感觉如何？你怎么安排午餐后的休息时间？

下午的工作和上午有什么不同吗？你大概什么时间可以下班？下班时间是固定的还是不定的？下班后，你是直接回家还是有其他的一些安排？

你会在哪里用晚餐？和你一起进餐的又是谁？晚餐后，你通常会做些什么？

你大概几点就寝？回首一下一天的工作，你的感受是什么？

放松训练结束后，请同学把穿越经历填入下表，并完成“我的名片”设计，和同学一起分享。

◇ 当我从梦中醒来，我感觉__________；

◇ 我看到镜子里的人是__________；

◇ 和我一起吃早餐的是__________；

◇ 我穿的衣服样式是__________；

◇ 我住的房子是__________；

◇ 小区环境__________；

◇ 我__________去上班，需要__________（时间）；

◇ 我的工作环境__________；

◇ 同事们称呼我__________；

◇ 我上午的工作安排是__________；

◇ 我的工作语言是__________；

◇ 我的工作伙伴是__________；

◇ 和我一起吃午餐的是__________；

◇ 午餐后，我的活动是__________；

◇ 下午的工作安排是__________；

◇ 我的下班时间是__________；

◇ 我下班后的活动是__________；

◇ 和我一起共进晚餐的是__________；

◇ 我晚餐后的活动是__________；

◇ 我的睡觉时间通常是__________；

◇ 对于今天的工作，我的感受是__________。

"我的名片"

2. 描绘期望的"理想职业"轮廓，并讨论哪些职业可以吻合自己的期望。

（1）描绘"理想职业轮"：

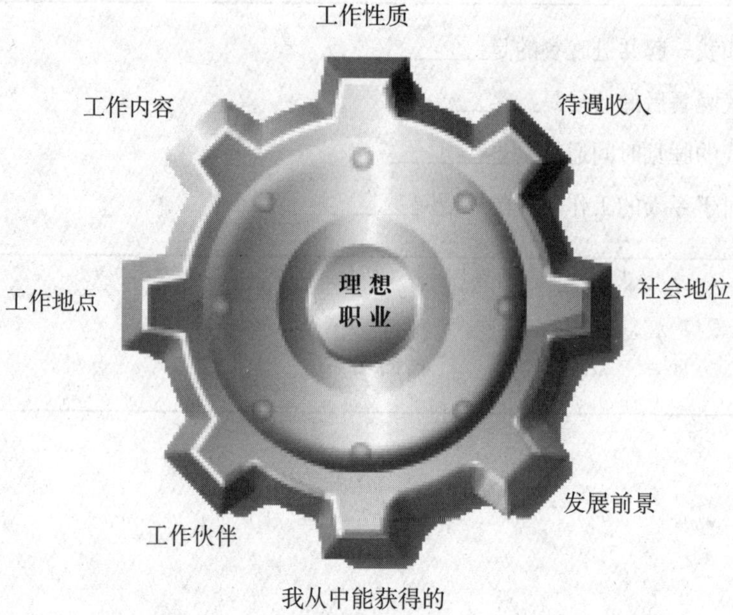

(2) 讨论哪些职业可以吻合自己的期望。

(三) 学生交流

请学生将课前准备的“敢想爱拼才会赢”调查内容进行交流，分享感受。

(四) 主题活动——“Me 公司”总裁研讨会

我们都是自己的公司——Me 公司——的总裁。为了更好地在今天的竞争中做大做强，你会如何推销你和你的公司呢？请各位“总裁”设计自己的策划书。

【教学反思与建议】

(1) 本课的内容比较多，教师可以根据学生的实际情况选取有关内容，也可以分成两课时来完成。

(2) 教师要引导学生对理想职业的描述越具体越好，例如：理想职业是收入多，那么就要具体到月薪税后是多少（五千还是一万）；理想职业是要自由时间比较多，那么就要具体到每天大概需要多少自己可以掌控的时间……这样能细化学生对目标的设立。

(3)“理想职业轮”的活动是想让学生通过寻找满足期望的现实职业，明白无论哪一种理想职业都不可能面面俱到，都会有自己的局限，只能满足自己最重要的期望。

(4)“敢想爱拼才会赢”这份课前作业，可以由学生单独完成，也可以根据学生对理想职业的期望按行业来分组。教师可以自己再寻找一些成功人士的范例，从自己的角度完成这份调查，与学生分享。这个活动重在让学生明白成功人士的今天，也是靠一步一步的辛苦奋斗而来，不要只羡慕他们的成功，要从他们的奋斗经历中提取对自己有用的东西。

(5)“Me 公司”总裁研讨会主要是让学生尝试将自己对理想职业的憧憬和现实情况相结合，进一步多方位认识自己，考虑自己的努力方向。这个活动可以放到课后完成，下节课分享；也可以随着课程的深入，不断补充，到整个课程结束以后再研讨。

第五章

职业兴趣

【教学背景】

职业兴趣，其实就是一个人对自己所从事的工作的兴趣和愿望。

曾有人这样讲过，兴趣是一切开始的起点。同理，职业兴趣就是职业选择的起点。万事开头难，有了起点，一切都会变得迎刃而解。有了兴趣，才能够对自己所从事的职业抱有热忱之心，最大限度地发挥自己的潜能；在工作中遇到困难时，才能始终坚守信念战胜困难；在获得成功时，才能收获更多的喜悦。从事自己喜欢的职业，体会工作的快乐，感受生活的乐趣，人生才会丰富充实。因而，探索自己的职业兴趣十分重要。

高中学生在面临文理分科和专业选择的时候，往往会有些迷茫。如果在这时我们能给学生提供一个了解自己和认识自己的机会，让学生的选择建立在适合自身特点和喜好的基础上，能够在生涯规划时把自己的性格和兴趣考虑进去，那么将来他们就有更大的可能从他们的学习和工作中获得乐趣和满足。

本课题旨在帮助学生探讨自己的性格和兴趣的方方面面，了解性格和兴趣与职业生涯规划的关系，并有意识地将这些知识运用到文理分科、专业选择和未来的职业规划中去。

【教学设计】

教学目标

（1）了解自己的性格和兴趣，以及性格和兴趣对职业规划的影响；

（2）探寻适合自己性格和兴趣的相关职业；

（3）愿意将性格和兴趣加以整合，作为文理分科、填报志愿以及未来职业规划时的重要考虑因素。

教学对象

高中学生（可以结合文理分科、专业选择和志愿填报来进行。如果要在初中进行，可以放到初三，结合是升入高中还是到技术类学校学习的选择来上课）。

教学准备

性格和兴趣探索问卷。

教学过程

（一）课程导入

教师先向学生展示一则材料：《当修车成为理想》（摘自《扬子晚报》）

前几天，我的车出了点小毛病，开到4S店检查，嚯，毛病多了去了：油路，高压线，火花塞，汽缸垫都有问题！拉出清单来连工时费要将近2000元！俺可不是有钱人，立马开到汽配店买齐了配件，在汽配店的建议下来到一家位于附近干休所院里的汽修厂。

一个很帅的中年人热情地接待了我，他就是这家汽修厂的老板于风驰。在问清楚我的要求后，他检查了一下我的车，然后告诉我油路暂时不用清洗，汽缸垫也没问题，然后叫过来一个小伙子开始给我换其他配件。一个多小时后，车修好了，我问于老板多少钱，他很干脆：20元！我怀疑自己听错了，又问了一遍，确实是20元。他接过钱笑呵呵地说，没有技术难度的活儿他是不会多收钱的，这20元全部都是给那个小伙子的，他一分钱都不挣！

这时天色已晚，本来着急回家吃饭的我被于老板的话激起了很强的好奇心：修车不就是为了挣钱嘛，还分什么技术难度？正好这时于老板才从一辆修好的宝马车下面钻出来，我就拉着他问个究竟。

于老板二十年前学的就是汽修专业，可别人是考不上大学才无奈去上的技校，他是成绩特别好却因为喜欢汽车自己选择了技校。毕业后大部分同学都改了行，他却一头扎进了一家很大规模的修理厂，工资待遇低点儿无所谓，只要能让他有机会接触各种车型就行。在那里苦练了五年，他终于掌握了一手绝活儿，所有别人修理不好的高档车全部都转到他的班组，接到这样的难题，他就两眼冒光，不分昼夜地一定要把车修好。在当年以管理严格出名的这家汽修厂常常会看到这么一个现象：白天别的员工都在忙碌着干活儿，他却在旁边的行军床上呼呼大睡，连总经理也不敢叫醒他，因为所有的人都知道，他昨晚一定是又修好了一辆难修的车。

就在他如日中天，老板马上要提拔他为车间主任的时候，他却放弃优厚的待遇毅然辞职了，原因很让我震撼：因为现代化的设备越来越多，修车需要动手的地方越来越少了，而他觉得机器永远代替不了手和汽车接触时的那种感觉。他开了家非常简陋的修理厂，但在他破旧的厂房里却停满了待修的豪华车。他修车有个原则，每辆车他都要亲自检查一下，没有难度的活儿交给员工去干，很难的活儿他就亲自动手，修不好誓不罢休。我问他为什么不培养几个徒弟，他摇摇头说现在的年轻人太浮躁，学了几个月就觉得自己是高手了，到现在为止还没有一个徒弟能踏踏实实地跟他学上两年，他说不学上五年就不能算好手，我无语。

说起对未来的规划，他的眼光让我敬佩，他竟然自费到美国考察过汽修行业！他的理想是到美国开一家小型全能的汽修厂，而且已经开始着手办理手续了，他自豪地说，美国现在跑的车他几乎全都会修，而最现代化的机器也不能代替他！

教师提问：

(1) 这位于老板为什么会选择修车？又为什么放弃大公司的优厚待遇？

(2) 在他的修车道路上，是什么引领着他的决定？

(3) 如果是你，你会如何选择？

（二）简介兴趣与职业生涯的关系

1. 兴趣对职业生涯的重要影响

既然人的一生中，半辈子都在工作，那就像谈恋爱一样，找个自己喜欢的吧。

——智联招聘

只有爱你所做的，你才能成就伟大的事情。如果你没找到自己所爱的，继续找，别停下来。就像所有与你内心有关的事情，当你找到时你会知道的。

—— 史蒂夫·乔布斯

当有年轻人问我什么是最好的人生方向时，我总是说认识和相信自己，倾听自己的心声，做自己喜欢做的事情，这样的人生或许会有曲折，但是我认为是最有价值的，也是最好的生活方式。

——希拉里·克林顿

2. 案例讨论

他曾经是清华大学的硕博连读生，却主动申请退学，重新参加高考。2003年，他再次考取清华大学，开始了本科阶段的学习。而这时，他已经是23岁的人了。这个人就是刘立早。1998年，刘立早以612分的高考考分，上了浙江大学的调档线，但未被他所报的院系录取，被调配到化学工程与工艺系。2002年，获得学士学位，并被保送到清华大学化学反应工程专业，直接攻读博士研究生。但他对自己所学的专业一点儿也不感兴趣。经过对个人兴趣爱好和特长的全面分析和权衡，刘立早决定选择建筑专业作为自己发展的方向。2003年3月，他从清华大学申请退学。2003年6月，第二次参加高考，并被清华大学建筑系录取。

很多人都觉得很可惜，毕竟五年的时间过去了，但刘立早认为如果读化工的话，他可能这一辈子都要走一条他完全不感兴趣的道路，那么他花五年的时间能够找到自己比较感兴趣的专业，他觉得自己还是比较幸运的。

刘立早说第一次高考的时候，自己对于大学也好，专业也好，概念都是很模糊的，根本没有清晰的认识，不知道自己以后想做什么。他希望现在的学生在填报志愿之前最好能找到自己喜欢的专业。

（三）主题活动——识别我的个人喜好（参见本章“教学资源”）

教师可以事先让学生完成 MBTI 问卷，也可以课堂完成（相关资料见《教学资源》）。教师要向学生说明，这个问卷并不是为了给学生的性格下结论，也不是为了具体地指出哪种性格适合哪种职业，而是让学生了解一下自己的性格特点，也了解一些与此有关的职业，明了什么专业或职业方向可能更适合自己。

（四）主题活动——假期旅游计划

暑假到了，如果有机会让你到以下六个岛屿旅游，不用考虑费用等问题，你最想去的是哪个？请选出前三个。

 1. 美丽浪漫的岛屿。岛上有美术馆、音乐厅，街头雕塑和城市艺人，弥漫着浓厚的艺术文化气息	 2. 自然科学的岛屿。岛上人迹较少，建筑物多僻处一隅，平畴绿野，适合夜观星象，有多处天文馆、科博馆以及图书馆等	 3. 繁华现代的岛屿。岛上建筑十分现代化，是进步的都市形态，以完善的户政管理、地政管理、金融管理见长

（续表）

4. 生态型的岛屿。 岛上保留有热带的原始植物，自然生态保持得很好，也有相当规模的动物园、植物园、水族馆	5. 温暖友善的岛屿。 岛上居民个性温和、十分友善、乐于助人，社区均自成一个密切互动的服务网络，人们多互助合作，重视教育，弦歌不辍，充满人文气息	6. 显赫富庶的岛屿。 岛上的居民热情豪爽，善于企业经营和贸易。岛上的经济高度发展，处处是高级饭店、俱乐部、高尔夫球场

测试答案分析：上面六个岛屿从 1 至 6 分别对应：艺术型 A、研究型 I、现实型 C、常规型 R、社会型 S 和企业型 E。

小组活动

（1）请和你有同样选择的同学一起交流：为什么会选择这个岛屿？看看大家有什么共同的兴趣爱好？

（2）每个小组综合大家比较共同的兴趣爱好，在全班分享。

（五）教师介绍霍兰德理论及其应用

（相关资料见本章“教学资源”）

（六）主题活动——玩转你的兴趣爱好

教师列举几项兴趣，让同学讨论如何将这些兴趣和职业有机结合：

兴趣一：爱拍照

兴趣二：爱服饰搭配

兴趣三：爱化妆

兴趣四：爱聊天

兴趣五：爱旅游

兴趣六：爱搭积木

兴趣七：爱写字

兴趣八：喜欢唱歌

【教学反思与建议】

（1）本课里涉及的测试比较多，教师要注意引导学生这些测试只是提供一个参考，不能作为决定的唯一因素。教师可以根据情况加入自评、互评和他评等活动，帮助学生更客观和全面地认识自己。

（2）个性并非是一成不变的，它可以通过后天不断塑造和完善，教师可以有意识地在这方面进行引导，提出一些个性塑造和完善的参考方法，引导学生制定改善个性的策略和行动方案。

（3）如果有条件，教师可结合学校曾做过的其他心理测试，如新生入学后的心理测试结果帮助学生更全面地认识自身的个性。

（4）对兴趣的总结，教师应该让学生明白：

① 兴趣是我们做事的起点，有兴趣才愿意投入；

② 兴趣可能会随着时间和经历而发展变化；

③ 在考虑文理分科和填报专业选择的时候，兴趣是一个考虑因素但不是唯一因素，还要综合考虑能力、价值观等其它方面的要素；

④ 兴趣广泛的同学选择会比较多，可以进一步理清自己最主要的最有发展可能的方向；

⑤ 没有明显兴趣也不见得是坏事，尝试着去了解，也会发现有很多适合自己的方向。

【教学资源】

性格问卷——识别你的个人喜好

测试问卷

1. 职业倾向

每个人天生就有不同的心理类型，即某种特定的心智活动方式的倾向。不同倾向的人在职场中将表现出不同行为模式和人格特征，他们潜在的发展领域也大不相同。如果所选择的职业正好需要你使用自己所偏好的倾向，那你就会处于一种最佳状态，精力充沛，感觉得心应手，竞争力也会很强。就好比“左利手”，虽然被家长教师训练成用右手写字，但在打球、拿东西时，还是会用左手。用左手感觉自然轻松，不需很多意识注意；而用右手的话，总会有点别扭。

这份问卷的反馈信息将有助于你更清晰地了解你自己，你天生的心理类型特征以及较为适合你的职业发展方向。

提醒：测评结果仅供参考。

指导语：本问卷各问题是用于揭示你是如何看待事物以及如何作决定的，答案无好坏之分。请仔细阅读每一个问题，然后点击所选答案。不必对问题想得太多，根据第一感觉回答即可。

测题

第一部分：哪一个答案的描述最接近你通常的思考和行为方式

1. 当你某日想去某个地方，你会____？ A. 计划好将做的事情以及何时做 B. 什么都不想就去	9. 你愿意自己被认为是一个________？ A. 善于动手的人 B. 善于创意的人
2. 如果你是一位老师，你愿教____？ A. 涉及实务的课程 B. 涉及理论的课程	10. 在大群体中，你常更多地________？ A. 介绍别人 B. 由别人来介绍你
3. 你通常是________？ A. 一个善于交际的人 B. 安静缄默的人	11. 你更喜欢________？ A. 头脑灵活的人 B. 务实且有丰富常识的人
4. 你喜欢________？ A. 事先安排好约会，聚会等 B. 只要时机恰当就无拘无束地做任何有趣的事	12. 按日程表办事________？ A. 正合你意 B. 束缚了你
5. 你通常和________相处得更好？ A. 想象力丰富的人 B. 现实的人	13. 你觉得通常别人要花费________？ A. 很久来了解你 B. 一小段时间来了解你
6. 你往往是________？ A. 情感驾驭理智 B. 理智驾驭情感	14. 对于制定周末计划，你觉得________？ A. 很有必要 B. 没必要
7. 当你和一群人在一起时，你会______？ A. 参加大家的谈话 B. 只同你熟知的人单独谈话	15. 被称为________是更高的赞赏？ A. 感性的人 B. 一贯理性的人
8. 你更喜欢________做多数事情？ A. 即兴地 B. 有计划地	16. 多数时候，你倾向于________？ A. 独处 B. 同他人在一起

（续表）

17. 日常工作中，你喜欢________？ A. 在时间紧迫的情况下争分夺秒地工作 B. 通常先安排好工作并加以完成，以免压力过大	22. 当你为了消遣而阅读时，你________？ A. 欣赏奇特新颖的表达方式 B. 喜欢作者确切地表达其意思
18. 你愿把________作为朋友？ A. 常有新观点的人 B. 脚踏实地的人	23. 你新认识的人________说出你的兴趣所在？ A. 马上就能 B. 只有当他们真正了解你之后才能
19. 你能否________？ A. 只要愿意就能轻松地同几乎任何人说个没完 B. 只能在特定场合下或同特定的人才愿意讲许多话	24. 在计划一次旅行时，你更喜欢______？ A. 在多数情况下随心所欲地行事 B. 事先就知道在大部分日子所将做的事情
20. 当有一项特殊工作时，你会________？ A. 在开始前精心组织策划 B. 在工作进行中找出必要环节	25. 做很多人都会做的事情时，你喜欢________？ A. 按惯例做 B. 按自己独创的方式做
21. 你更倾向于________？ A. 感性地做事 B. 依逻辑行事	26. 多数人认为你________？ A. 不太把自己的事情告诉别人 B. 非常坦率

第二部分

在以下各对词中，你更倾向于哪一个。考虑以下这些词的意思，而不是它们好不好听或好不好看。

27.A. 抽象　　B. 实在

28.A. 有计划　　B. 随意

29.A. 温柔　　B. 坚硬

30.A. 事实　　B. 观点

31.A. 思考　　B. 感觉
32.A. 热情　　B. 安静
33.A. 晓之以理　　B. 动之以情
34.A. 陈述　　B. 观念
35.A. 分析　　B. 认同
36.A. 系统的　　B. 自发的
37.A. 敏感　　B. 合理
38.A. 缄默　　B. 健谈
39.A. 事实的　　B. 理论
40.A. 同情怜悯　　B. 深谋远虑
41.A. 系统　　B. 随机
42.A. 文静　　B. 开朗
43.A. 利益　　B. 祝福
44.A. 推测　　B. 确定
45.A. 坚决　　B. 热忱
46.A. 理想　　B. 现实
47.A. 意志坚强　　B. 慈悲心肠
48.A. 想象的　　B. 事实的
49.A. 客观的　　B. 易动情的
50.A. 制作　　B. 创造
51.A. 热情　　B. 客观
52.A. 实用的　　B. 迷人的
53.A. 有同情心　　B. 有逻辑头脑
54.A. 制造　　B. 设计
55.A. 冲动　　B. 决定
56.A. 公正的　　B. 体谅的
57.A. 文静　　B. 爱交际
58.A. 理性　　B. 感性
59.A. 不受限制的　　B. 安排好的
60.A. 详实　　B. 概括

61.A. 注重实际的	B. 感情丰富的
62.A. 公开的	B. 私人的
63.A. 建造	B. 发明
64.A. 有序的	B. 随便的
65.A. 想象的	B. 现实的
66.A. 称职的	B. 好心的
67.A. 心智思考	B. 事务处理
68.A. 少许朋友	B. 很多朋友
69.A. 可能性	B. 必然性
70.A. 宽容	B. 坚定
71.A. 新颖的	B. 已知的
72.A. 温和	B. 力量
73.A. 切实	B. 创新

第三部分：哪一个答案的描述最接近你通常的思考和行为方式

74. 你觉得被许多人围着________？ A. 让你感到更有精神 B. 常让你精力衰竭	78. 多数情况下，你更喜欢________？ A. 顺其自然 B. 按日程表办事
75. 作决定时，对于你来说更重要的是________？ A. 权衡事实 B. 考虑人们的感受和观点	79. 你通常________？ A. 同大家打成一片 B. 倾向于独处
76. 通常你更喜欢________？ A. 提前安排好业余活动 B. 即兴地做事情	80. 你喜欢________？ A. 看清事态如何发展再作计划 B. 事先很早就做好准备
77. 在聚会中，你________？ A. 有时觉得无趣 B. 总是玩得很开心	81. 别人________了解你？ A. 很容易 B. 很难

（续表）

82. 通常，你更喜欢上涉及______的课程？ A. 观念和原则 B. 具体内容	88. 你觉得按计划行事________？ A. 有时必要，但令人不爽 B. 多数时候是有帮助的适宜的
83. 在聚会中，你________？ A. 自己聊得多 B. 听别人聊得多	89. 你愿在一个________老板（老师）手下工作（学习）？ A. 脾气好，但欠理性 B. 对人严厉，但有条理的
84. 你觉得自己更偏向于是一个______？ A. 自发性的人 B. 有组织性的人	90. 总的来说，要完成一项重大任务，你倾向于________？ A. 边做边考虑必须完成的事 B. 开始先确定每一个步骤
85. 你________？ A. 只同那些和自己有共同兴趣的人才能长时间的交谈 B. 只要愿意，就能和几乎任何一个人谈个没完	91. 在社交场合中，你通常觉得________？ A. 同某些人很难开展和维持长时间的谈话 B. 很容易同大多数人长时间谈话
86. 当你开始了一项必须在一周内完成的大项目时，你会________？ A. 花时间列出所要做的事情及其先后次序 B. 直接开始	92. 你喜欢的处事方式是________？ A. 坚持那些已经有效的做法 B. 分析哪些仍有错并挑战未解决的问题
87. 被称为________是更高的赞赏？ A. 有竞争力 B. 富有同情心	93. 你更喜欢按照______做大多数事情？ A. 当天的感觉 B. 已定的日程表

评分方法：

题目	纬度一		题目	纬度二		题目	纬度三		题目	纬度四	
	E	I		S	N		T	F		J	P
3.	A	B	2.	A	B	6.	B	A	1.	A	B
7.	A	B	5.	B	A	15.	B	A	4.	A	B
10.	A	B	9.	A	B	21.	B	A	8.	B	A
13	B	A	11.	B	A	29.	B	A	12.	A	B
16.	B	A	18.	B	A	31.	A	B	14.	A	B
19.	A	B	22.	B	A	33.	A	B	17.	B	A
23.	A	B	25.	A	B	35.	A	B	20.	A	B
26.	B	A	27.	B	A	37.	B	A	24.	B	A
32.	A	B	30.	A	B	40.	B	A	28.	A	B
38	B	A	34.	A	B	43.	A	B	36.	A	B
42.	B	A	39.	A	B	45.	A	B	41.	A	B
57.	B	A	44.	B	A	47.	A	B	55.	B	A
62.	A	B	46.	B	A	49.	A	B	59.	B	A
68.	B	A	48.	B	A	51.	B	A	64.	A	B
74.	A	B	50.	A	B	53.	B	A	76.	A	B
77.	B	A	52.	A	B	56.	A	B	78.	B	A
79.	A	B	54.	A	B	58.	A	B	80.	B	A
81.	A	B	60.	A	B	61.	A	B	84.	B	A
83.	A	B	63.	A	B	66.	A	B	86.	A	B
85.	B	A	65.	B	A	72.	B	A	88.	B	A
91.	B	A	67.	B	A	75.	A	B	90.	B	A
			69.	B	A	87.	A	B	93.	B	A

（续表）

题目	纬度一		题目	纬度二		题目	纬度三		题目	纬度四	
	E	I		S	N		T	F		J	P
			70	B	A	89.	B	A			
			71.	B	A						
			73.	A	B						
			82.	B	A						
			92.	A	B						
积分			积分			积分			积分		
纬度编号			纬度编号			纬度编号			纬度编号		

本问卷共有四个纬度，每个纬度上有两个极点，分别为 E–I；S–N；T–F；J–P。分别计算每一个极点上的得分。依据以上表格，选中一项计一分，将每一个极点的累积得分填入积分一栏，

如 I ⩾ E，将 I 填入纬度一的纬度编号，反之填 E。

如 N ⩾ S，将 N 填入纬度一的纬度编号；反之填 S。

如 F ⩾ T，将 F 填入纬度一的纬度编号；反之填 F。

如 P ⩾ J，将 P 填入纬度一的纬度编号；反之填 J。

然后将各纬度的编号依次排列得出最终的职业倾向类型编号，共有 16 种。

（二）各维度解释

第一部分：

选择 E 的人的兴趣是指向行动、人和事物。选择 I 的人的兴趣指向一些内在的东西，如道理或个人感受。当然每个人都是外向而行动、内向而思考的。你也一样肯定会做这两件事，但是你在做某一件事时会感到更舒服，更倾向于依赖某种方式做事，正如“右利手”的人更愿意使用右手一样。

E（Extraversion）代表外向型，意思是向外开放。

I（Introversion）代表内向型，意思是内敛的。

外向型的例子	内向型的例子
杰斯（Jesse）是一个计算机专家。他经常参加一些公司的若干人参加的需求和解决方案会议。他乐于为需要系统升级的客户提供培训。他的爱好包括参加他儿子的童子军会议，担当童子军领导和组织周末露营等活动。杰斯乐于从人群中获得力量。	詹妮弗（Jennifer）是一个计算机专家。她的工作是计算机系统设计。她与某公司的计算机网络专家合作，后者为她提供一张公司对计算机系统的需求清单。她计算这些需求，对系统进行调试直到满足用户的需求为止。她让别人去培训使用者。詹妮弗从集中精力从事技术工作而得到力量。她通过一个人独处得到恢复。她的爱好包括通过阅读、上网和远程学习等方式来学习和探索新东西。

第二部分：

S和N代表两种接受和处理信息的方式，即两种运用和对待经验的方式。每个人都在不同程度地运用理智和直觉，但不同的人更倾向于使用其中的某一种。S型更多把注意力放在源自个人经验的事实上。S型更容易察觉细节，而N型则更倾向于从整体上看事物，因为N型更倾向于从事实的背后看到它所代表的意义。

S（Sensing）代表理智。

N（Intuition）代表直觉。

理智型的例子	直觉型的例子
乔治特（Georgette）有极好的记忆力。她当一家汽车销售商的会计已经有好几年了。一天，她向上司提醒扰流器和车挡板销售得很快，上司查阅了销售记录，同意这一观点并把她提升为库存管理。上司发现乔治特喜欢跟踪材料进销数字的特点对公司很有帮助。	桑托斯（Santos）是一位自由撰稿人，并且在社区学院里教授剧本写作。他运用他的创造性和现实生活经验帮助他人为独立制片人创作剧本。他经常在幻想中或健身房健身锻炼时得到写作灵感。桑托斯在车里放上一个笔记本，随时记下自己的新想法。另外，他也教授别人如何在写作中记录下自己的创意。

第三部分：

T型通过检验事实和数据作出决策，很少把个人感情牵涉到决定中去。F型通过个人的价值观和感受作出决定。每一个人每天都进行T型的和F型的判断。我们倾向于更多地运用某一种决策方式。

T（Thinking judgement）代表思考判断。

F（Feeling judgement）代表感觉判断。

思考型的例子	感觉型的例子
毛坎（Malcolm）是一个学生，他正在考虑是否应该选择工商管理专业。他将根据所收集到的事实来作出决定：他与大学的职业顾问谈了话，在职业中心做了兴趣测试，他已经选修了一些与工商管理有关的课程，他还去了一些雇佣工商管理专业毕业生的公司。甚至，他还调查了某些雇主所需要的研究生学位的课程。	沙瑞英（Shareen）一直想要成为一名模特，但是她受到丈夫和成年的孩子们的影响，他们都希望她取得一个大学学位。她保持着良好的体型并且一直坚持参加社区学院的模特培训班，同时还在大学读书。在与一位大学职业顾问会谈后，她决定学习时装销售，这样既可以学习一个与她理想职业有关的专业，同时又可以让她的家人满意。

第四部分：

J 类型的人更容易对他人表现出自己的思维和感情判断，而不太轻易对他人表现出自己的直觉感受。P 类型的人与 J 类型正相反，他们在同外部世界打交道时，更容易表现出自己的直觉感受，而非理智的判断。

P（Judgement）代表判断型。

J（Perception）代表感悟型。

判断型的例子	感悟型的例子
马林（Marion）是个电影编辑。他有一个计算机控制的约会日历装置，以提醒他一些重要的约会时间。他所有的客户都知道，当他确定了一个完成工作的最后期限时，他肯定能够在规定时限内交活。他不会让任何事打乱他的计划。他的上司给他某些紧急任务，这会让他发疯。他不愿在完成他手上的工作之前接受任何新任务。	凯斯（Cathy）也是一个电影编辑。一些同事认为凯斯做事精力不集中。她在同一时间里从事几项任务。尽管她的办公室很乱，但她似乎总能找到胶带、电话号码和其他所需要的杂物。她经常在结束一项旧工作之前又开始一项新工作，因为她不想落下任何事。每次她的主管提醒她某项工作应该在前一天就结束，她应该准时完成工作时，她就被激怒了。

（三）MBTI16 种人格类型特点

ISTJ

沉静、认真、贯彻始终、得人信赖而取得成功。讲求实际、注重事实，实事求是和有责任感。能够合理地去决定应做的事情，而且坚定不移地把它完成，不会因外界事物而分散精神。以做事有次序、有条理为乐——不论在工作上、家庭上或者生活上。重视传统和忠诚。

ISFJ

沉静、友善、有责任感和谨慎。能坚定不移地承担责任。做事贯彻始终、不辞劳苦和准确无误。忠诚、替人着想、细心、往往记着他所重视的人的种种微小事情、关心别人的感受。努力创造一个有秩序、和谐的工作和家居环境。

ISTP

容忍、有弹性，是冷静的观察者，但当有问题出现，便迅速行动，找出可行的解决方法。能够分清哪些东西可以使事情进行顺利，又能够从大量资料中，找出实际问题的重心。很重视事情的前因后果，能够以理性的原则把事实组织起来，重视效率。

ISFP

沉静，友善，敏感和仁慈。欣赏目前和他们周遭所发生的事情。喜欢有自己的空间，做事又能把握自己的时间。忠于自己的价值观,忠于自己所重视的人。不喜欢争论和冲突，不会强迫别人接受自己的意见和价值观。

INFJ

探索意念、人际关系和物质拥有欲的意义和他们之间的关系。希望了解什么可以激发人们的推动力，对别人的洞察力。尽责，能够履行他们坚持的价值观念。有一个清晰的理念以谋取大众的最佳利益。能够有条理地，果断地去实践他们的理念。

INTJ

有具创意的头脑、有很大的冲劲去实践他们的理念和达到目标。能够很快地掌握事情发展的规律，从而想出长远的发展方向。一旦作出承诺，便会有条理地开展工作，直到完成为止。有怀疑精神，独立自主。无论为自己或为他人，都有高水准的工作能力和表现。

INFP

理想主义者,忠于自己的价值观及自己所重视的人。外在的生活和内在的价值观配合。有好奇心，很快看到事情的可能与否，能够加速对理念的实践。试图了解别人、协助别人发展潜能。适应力强，有弹性。如果和他们的价值观没有抵触，往往能包容他人。

INTP

对任何感兴趣的事情，都要探索一个合理的解释。喜欢理论和抽象的事情，喜欢理念思维多于社交活动。沉静，满足，有弹性，适应力强。在他们感兴趣的范畴内，有非凡的能力去专注而深入地解决问题。有怀疑精神，又喜欢批评，常常善于分析。

ESTP

有弹性，容忍。讲求实际，专注即时的效益。对理论和概念上的解释感到不耐烦，希望以积极的行动去解决问题。专注于此时此地，喜欢主动与别人交往。喜欢物质享受的生活方式。能够通过实践达到最佳的学习效果。

ESFP

外向，友善，包容。热爱生命，热爱人，喜欢物质享受。喜欢与别人共事。在工作上能用常识、注意现实的情况，使工作富趣味性。富灵活性、即兴性，易接受新朋友和适应新环境。与别人一起学习新技能可以达到最佳的学习效果。

ESTJ

讲求实际，注重现实，注重事实。果断，能够很快作出实际可行的决定。能够安排计划和组织人员以完成工作，尽可能以最有效率的方法达到目的。能够注意日常例行工作的细节。有一套清晰的逻辑标准，会有系统地跟着去做，也想别人跟着别人去做。会以强硬的态度去执行计划。

ESFJ

有爱心，尽责，合作。渴望有和谐的环境，而且有决心营造这样的环境。喜欢与别人共事，能准确地、准时地完成工作。忠诚，即使在细微的事情上也如此。能够注意别人在日常生活的需要而努力供应他们。渴望别人赞赏他们和欣赏他们所作的贡献。

ENFP

热情而热心，富于想象力。认为生活是充满很多可能性。能够很快找出事件和资料之间的关联性，而且有信心依照他们所看到的模式去做。很需要别人的肯定，又乐于欣赏和支持别人。即兴而富于弹性，时常信赖自己的临场表现和流畅的语言能力。

ENTP

思想敏捷，机灵，能激励他人，警觉性高，勇于发言。能随机应变地去应付新的和富于挑战性的问题。善于引出在概念上可能发生的问题，然后很有策略的加以分析。善于洞察别人。对日常例行事务感到厌倦。甚少以相同方法处理同一事情，能够灵活地处理接二连三的新事物。

ENFJ

温情，有同情心，反应敏捷和有责任感。高度关注别人的情绪、需要和动机。能够看到每个人的潜质，帮助别人发挥自己的潜能。能够积极地协助个人和组别的成长。忠诚，对赞美和批评都能作出很快的回应。社交活跃，在一组人当中能够惠及别人，有启发别人的领导才能。

ENTJ

坦率、果断、乐于作为领导者。很容易看到不合逻辑和缺乏效率的程序和政策，从而开展和实施一个能够顾及全面的制度去解决一些组织上的问题。喜欢有长远的计划、喜欢有一套制定的目标。往往是博学多闻的，喜欢追求知识，又能把知识传给别人。能够有力地提出自己的主张。

第六章

百炼成才

【教学背景】

笔者有机会进到一些企业讲授职业生涯发展的课程，接触过很多职场中的人。很多已经工作的人会有类似这样的感慨：“如果我在高中阶段就听到职业生涯发展课程就好了，这样我在填高考志愿的时候就会了解自己真正的职业追求是什么……”“如果我在高中阶段就能对自己的职业兴趣和能力有一定的了解，不至于现在走这么多弯路……”这些感慨之言一次次冲击着我，使得我一直思考面对高中生来讲，职业能力需要讲什么？

一方面需要引导学生适当了解自己的能力倾向，因为能力相对稳定又渗透在学生的日常生活和学习的每个角度每件事情。了解自己的能力倾向在分科、志愿选择，确定职业发展目标，进行生涯规划的时候就会有一个对自己初步的理性认识，进行的选择通常也就会更适合自己。

另一方面，能力倾向的了解更重要的是往哪个方向去努力，而不是对自己贴固定标签。有的学生会说：“我在学习理科的能力方面比较弱，所以我理科成绩不好。”“我语言表达能力比较弱，所以我人缘不好。”听上去很合情合理，前者是对自己的能力倾向有一个简单的了解，但是后者却对自己有消极的暗示，而且往往没有因果关系。理科的能力比较弱是现在，不是将来，能力的形成需要不断地学习和实践，也许你没有理科的天分，要获得比较好的理科成绩却可以通过努力并加上正确的方法而获得。语言表达能力和人缘就更没有很大关系了。所以了解自己的能力倾向更重要的是锤炼自己的能力，获得为自己生涯发展成功的基石。

本课设计通过一个真实成功的职业人的案例讨论，激发学生去了解独一无二的自己。能力倾向测评帮助学生比较科学地了解自己；成就经历是具体分析过往的实践形成了哪些具体的技能。最后讨论在能力实践之外，能锤炼我们成才的还有一个很重要的部分，那就是认真的态度。认真的态度加上我们能力训练中的坚持和努力，不断锤炼，方能成才。

【教学设计】

教学目标

(1) 初步了解能力，能力的形成和分类等相关知识。

(2) 通过测评，了解自己的职业能力结构。

(3) 通过对成功经历的分析，了解自己拥有的技能，激发学生锤炼自己成才的热情并积极参与学习和实践。

教学对象

高中学生

教学准备

(1) 请学生搜集自己的实践经历，可以的话带上拍过的照片等资料。

(2) 请学生进行职业能力测评。

(3) 准备一些可以起到示范作用的成功经历案例。

教学过程

（一）案例引入讨论

1. 案例引

这是一位少年的有趣经历：

（1）6 岁时，一位非洲的黑人主教跟他一起玩了一下午的滚球，他觉得从来没有一位大人对他这么好过，便认为黑人是最优秀的人种。

（2）8 岁那年，他有了一个嗜好，喜欢问父亲的朋友有多少财产，大部分人都被他吓了一跳，只好昏头昏脑地告诉他。

（3）上小学时，他常常花一整天时间偷看大姐的情书，从来没有被发觉。

（4）他天生哮喘，夜里总是辗转难眠，白天又异常疲惫，这个病一直折磨着他。他对很多东西都有恐惧症，比如大海。

（5）他恳求父亲带他去钓鱼，父亲说："你没有耐心，带你去你会把我弄疯的。"也由于没有耐性，他成了牛津大学的肄业生。

（6）老师问他拿破仑是哪国人，他觉得有诈，自作聪明地改以"荷兰人"作答，结果遭到了不准吃晚饭的惩罚。

（7）他总觉得自己的智商只比天才低一点儿，结果一测试，只有 96，是普通人的正常智商。

再来看一位伟大人物的传奇：

（1）他一生朋友无数，他曾列了一个有 50 个名字的挚友清单，包括美国国防部部长、纽约著名律师、报刊总编以及女房东、农场的邻居、贫民区的医生等。

（2）第二次世界大战期间，在他 31 岁时，他为了帮助自己的祖国而服务于英国情报局，当了几年的间谍。

（3）38 岁时，他记起祖父从一个失败的农夫成为一名成功的商人，于是决定效仿。没有文凭的他，以6000美元起家，创办了全球最大的广告公司，年营业额达数十亿美元。

(4) 他曾自嘲："只要比竞争对手活得长，你就赢了。"他活了88岁。

(5) 他一生都在冒险，大学没读完，就跑到巴黎当厨师，继而卖厨具，到美国好莱坞做调查员，随后又做了间谍、农民和广告人。晚年隐居于法国古堡。

(6) 他敢于想象，设计了无数优秀的广告词，至今仍在使用。

(7) 他说："永远不要把财富和头脑混为一谈，一个人赚很多钱和他的头脑没有多大关系。"

那位少年和伟人是同一个人，名字叫做大卫·奥格威，奥美广告公司创始人。

2. 学生讨论

上述一对7个例子之间能否一一对应？

你怎么看大卫·奥格威的少年经历和他后来的成功之间的关系？

我们把上述一对7个例子一一对应，很容易发现它们之间没有成功的必然规律：有的可以牵强地联系起来，比如偷看情书为当间谍作了铺垫，对财富的欲望导致日后开了广告公司，天性友善适合结交朋友；有的则完全相反，没有耐性却创造了伟业，身体不好却长寿，智商不高却有着惊人的智慧。大卫·奥格威的成功在于他顺从了个性，并将自己的优点发挥得淋漓尽致。

成功是不可复制的，人的性格、环境、智商、情商、机遇、身份都不一样，怎能拷贝成功？如果说成功有规律可循，那么便是认识你自己（能力等）、创造你自己、成为你自己。

(1) 能力的定义：你了解自己的能力吗？了解能力是什么吗？现代社会发展需要的核心能力是什么？

能力是人成功地完成活动所必需的个性心理特征。它有两种含义：一种是指实际能力或技能，即个人已经具备并表现出来的能力，它是个人先天遗传基础加上学习的结果；另一种是指潜在能力或能力倾向，就是成功地做事情或工作的潜能。

技能是通过学习和联系发展起来的能力，它是在我们从事活动时有效地运用自身资源的力量。用来形容技能的词汇有机敏、精通、艺术性、聪慧、熟练、娴熟和灵巧等。能力倾向是我们的学习能力。它指我们的潜能，区别于已经发展起来的技能和技术知识。比如说，也许我们具有舞蹈、写作和软件编程的“能力倾向”，但是没有经过大量的培训和练习，我们就没有培养起完成这些活动的“技能”。

许多的能力、能力倾向与技能都和兴趣具有相近的分类和表达，但兴趣和能力的区别却显而易见。兴趣表示了我们是否喜欢做某事，它表达了我们的偏好。能力则表明我们是否能运用技能做某事，它指出了我们胜任与否的资格。我们或许喜欢舞蹈，但并不意味着我们能跳好舞蹈。但是，通常我们喜欢做某件事情很可能是因为我们有能力把它做好。比如，我们去面试的时候，说“我喜欢与人打交道”，通常很大的比例是想要告诉主试官“我善于与人沟通”。所以，兴趣和能力是截然不同相互独立但又经常紧密联系在一起的两个因素。

（2）能力的形成：我们从哪里获得能力？首先是遗传——我们从父母与祖先那里获得的基因特点。每个人都由先天的遗传优势和不足。比如有人生下来就听力惊人，有人生而近视。我们可以识别出自己的优势并利用它，同时也必须面对可能的不足。有些不足可以通过强烈的成就动机去征服、补偿和改变。在历史的长河里这样的例子比比皆是。

环境塑造我们的能力。文化通过社会、社区、邻里、学校和家庭在我们的能力发展中发挥作用。一个天生具有音乐才能的人在没有音乐的环境中几乎不可能发展出真正的音乐能力。除非在后天的行动或活动中，否则能力就永远是能力倾向，而不会成为真正的技能。环境还可以通过对能力的评价作用来影响能力的发展。在某种特定的文化背景下面，如果某项能力被认为是有价值的，我们就会努力去发展这种能力，但如果社会认为这项能力是不重要的，没有意义的，那我们的能力倾向就不会被挖掘并发展为技能。

（3）能力的分类：为了帮助我们更清楚地了解能力，有很多不同的分类方法。

比如把能力划分为一般能力和特殊能力。一般能力通常是指智力，它是人们成功完成各种活动所必需的能力，如记忆能力等。不同的智力理论流派不同，会导致智力的概念有时候高于一般能力，有时候等同于一般能力，有时候又会小于一般能力。关于智力的研究理论很多，比较著名的有美国哈佛大学霍华德·加德纳（Howard Gardner）教授提出了多元智能理论，提出了人类的智能包括语言、音乐、数理逻辑、运动、内省、人际关系、空间和自然探索八大智能。多元智能量表以此理论为基础编制，该量表能帮助我们了解自己八大智能的情况。

特殊能力则是指人成功完成某种专门活动所必需的能力，如绘画能力、音乐能力、写作能力、体育能力等。

人类的能力，我们可以列举很多，如表6-1。在已经列举的70多种能力，还有其他没有列举的上百种能力中，许多是我们所具有的，也有一些是我们暂时还不具有的。

表6-1　能力的种类

能力分类	具体包括
身体能力	包括运动协调能力、手指的灵活性、颜色辨别能力、速跑或长跑能力和手、眼、足协调能力
智力能力	包括逻辑推理、问题解决、正确阅读和理解能力、创新能力、组装能力和运用数字及抽象符号的能力
艺术能力	各种形式的写作、绘画、装饰、制陶和音乐等能力
情感能力	是指给予温暖、友爱、感受和表格各种各样的情感，对别人表示同情，应付多重情境中的压力和紧张，给予别人支持
组织能力	包括计划会议、设立目标、领导团体、管理财务和预算、督导他人、发展项目、发布和遵守指令等
人际关系能力	包括易于与人交往并使别人感觉很舒服、礼貌待人、倾听别人说话，理解并尊重他人、尽管与别人不同意见也能积极地看待他人等
专业知识能力	包括具有说服力的销售能力、组装和维修机器的能力、种植能力、养育孩子的能力、三维视觉能力和识别身体器官或汽车零部件的能力

（续表）

职业规划能力	涉及做出职业选择、搜集信息、自我分析、决策、设计教育培训计划、调查工作场所、写简历和申请信，采访他人和评估信息、雇主及组织的能力

人的职业活动能力可以划分为专业能力、方法能力和社会能力。专业能力一般是指专门知识、专业技能和专项能力等与职业直接相关的基础能力，是职业活动得以进行的基本条件。如果在具备一般专业能力的基础上又能掌握方法能力和社会能力，将使职业活动获得事半功倍的效果。所以，国外把这种超越一般专业能力领域以外的，对职业活动的顺利进行以及促进职业生涯发展发挥着至关重要作用的方法能力和社会能力，称为"关键能力"。关键能力与纯粹的、专业的职业技能和知识没有直接的联系，但又与完成职业所需要的专业任务密切相关。

（3）社会需要的核心能力：适应社会需要的核心能力主要有哪些？

经过对一些企业的调查，我们发现，适应社会需要的核心能力主要包括：

- 人际交往中的沟通能力
- 外语交际能力
- 信息管理能力
- 计算机应用能力
- 写作能力
- 商业管理能力
- 科技与数学能力

（二）职业能力自测

请你根据自己的实际情况，回答下列每一个问题。

第一个括号填（强） 第二个括号填（弱）

第一组	第三组
(1) 善于表达自己的观点（ ）（ ） (2) 阅读速度快，并能抓住中心内容（ ）（ ） (3) 清楚地向别人解释难懂的的概念（ ）（ ） (4) 对文章的字、词、段落的理解、分析和综合的能力（ ）（ ） (5) 掌握词汇量的程度（ ）（ ） (6) 你读书期间的语文成绩（ ）（ ）	(1) 作图能力（ ）（ ） (2) 画三维度的立体图形（ ）（ ） (3) 看几何图形的立体感（ ）（ ） (4) 想象盒子展开后的平面形状（ ）（ ） (5) 想象立体物体的能力（ ）（ ） (6) 玩拼板游戏（ ）（ ）
总计次数（ ）（ ）	总计次数（ ）（ ）
第二组	第四组
(1) 目测能力（如测量长、宽、高等）（ ）（ ） (2) 解应用题的速度（ ）（ ） (3) 笔算能力（ ）（ ） (4) 心算能力（ ）（ ） (5) 使用工具（如计算器、算盘等）的计算能力（ ）（ ） (6) 你读书期间的数学成绩（ ）（ ）	(1) 发现相似图形中的细微差异（ ）（ ） (2) 识别物体的形状差异（ ）（ ） (3) 注意到多数人所忽视的物体的细节部分（ ）（ ） (4) 检查物体的细节（ ）（ ） (5) 观察图案是否正确（ ）（ ） (6) 善于改正计算中的错误（ ）（ ）
总计次数（ ）（ ）	总计次数（ ）（ ）

（续表）

第五组	第七组
(1) 快速而正确地抄写资料（诸如姓名、日期、电话号码等）（ ）（ ） (2) 发现错别字（ ）（ ） (3) 发现计算错误（ ）（ ） (4) 发现图表中的细小错误（ ）（ ） (5) 在图书馆很快地查找编码卡片（ ）（ ） (6) 持久工作的能力（如较长时间地进行抄写资料）（ ）（ ）	(1) 灵巧地使用手工工具（如榔头、锤子等）（ ）（ ） (2) 灵巧地使用很小的工具如镊子、缝衣针等）（ ）（ ） (3) 弹乐器时手指的灵活度（ ）（ ） (4) 动手做一件小手工艺品（ ）（ ） (5) 很快地削水果（如苹果、梨子）（ ）（ ） (6) 修理、装配、拆卸、编织、缝补一类活动（ ）（ ）
总计次数（ ）（ ）	总计次数（ ）（ ）
第六组	**第八组**
(1) 操作机器的能力（ ）（ ） (2) 玩电子游戏或瞄准打靶（ ）（ ） (3) 运动中身体的协调和灵活性（ ）（ ） (4) 打球（如篮球、排球、乒乓球、羽毛球等）的姿势与水平（ ）（ ） (5) 手指的协调性（如打字、珠算等）（ ）（ ） (6) 身体平衡的能力（如走平衡木等）（ ）（ ）	(1) 善于在陌生的场合发表自己的意见（ ）（ ） (2) 去新场所并结交新朋友（ ）（ ） (3) 你的口头表达能力（ ）（ ） (4) 善于与人友好交往并协同工作（ ）（ ） (5) 善于帮助别人（ ）（ ） (6) 擅长作别人的思想工作（ ）（ ）
总计次数（ ）（ ）	总计次数（ ）（ ）

（续表）

第九组	
(1) 善于组织集体活动（ ）（ ） (2) 在集体活动或学习中，经常关心他人的情况（ ）（ ） (3) 在日常生活中能经常动脑筋，出点子（ ）（ ） (4) 冷静而果断地处理突然发生的事情（ ）（ ） (5) 在工作中你认为自己的工作能力（ ）（ ） (6) 善于解决朋友与同事之间的矛盾（ ）（ ）	
总计次数（ ）（ ）	

职业能力自测结果

现在请根据每组回答的“强”“弱”的总次数，填入表6-2。在强（次数）栏中找出两个数字最大的组，这两个组所表示的能力就是你在职业能力上最强的两个方面，然后你可以对照下面的分析，看到你适宜从事的职业有哪些，反之你也可在弱（次数）栏找出两个数字最大的组，这两组所反映的职业能力对你来说最弱，你不应该从事要求这两方面职业能力强的职业。

表6-2 职业能力分析

	特征	最适宜从事的职业	强次数	弱次数
第一组：言语能力	你具有对词、句子、段落、篇章的理解能力，以及善于清楚而正确地表达自己的观念和向别人介绍信息的能力	外销员、商务师、导游、演员、导演、编辑、播音员、节目主持人、教师、律师、审判员等		
第二组：数理能力	你能迅速而准确地运算，并具有在快速准确地进行计算的同时，进行推理、解决应用问题的能力	会计、银行职员、保险公司职员、税务员、审计员、统计员、自然科学家、计算机工程师等		
第三组：空间判断能力	你具有对立体图形以及平面图形与立体图形之间关系的理解能力，包括能看懂几何图形、对立体图形的三个面的理解力，识别物体在空间运动中的联系，解决几何问题	技术员、工程师、服装设计师、艺术家、家具设计师、建筑师、摄影师、家电维修专家、自然科学家、军官、司机等		
第四组：察觉细节能力	你对物体或图形的有关细节具有正确的知觉能力，对于图形的明暗、线的宽度和长度能区别和比较，可以看出其细微的差别	技术员、工程师、电工、房管员、咨询师、运动员、教练员、导演、图书馆员、会计、银行职员、保险公司职员、审计员、统计员、编辑、播音员、自然科学家、计算机工程师等		

（续表）

	特征	最适宜从事的职业	强次数	弱次数
第五组：书写能力	你具有对词、印刷品、账目、表格等细微部分正确知觉的能力，善于发现错字和正确地校对数字的能力	教师、公务员、社会科学家、秘书、打字员、编辑、银行职员、咨询师、经理、记者、作家等		
第六组：运动协调能力	你的眼、手、脚、身体能够迅速准确和协调地作出准确的动作和运动反应，手能跟随眼所看到的东西迅速行动，具有正确控制的能力	运动员、教练员、演员、工人、农民、服装设计师、家具设计师、美容师、电工、司机、服务员、导游、医生、护士、药剂士、导演、警察、战士等		
第七组：动手能力	你的手、手指、手腕能迅速而准确地活动和操作小的物体，在拿取、放置、调换、翻转物体时手能作出精巧运动和腕的自由运动	医生、护士、药剂士、运动员、教练员、自然科学家、工人、农民、技术员、工程师、服装设计师、家具设计师、艺术家、美容师、售货员、服务员、保育员、摄影师、演员、导演、战士等		
第八组：社会交往能力	你善于进行人与人之间的相互交往、相互联系、相互帮助、相互作用和影响，具有协同工作或建立良好的人际关系的能力	采购员、推销员、公共关系人员、外销员、商务师、编辑、调度员、经理、服务员、房管员、导游、咨询师、银行信贷员、税务员、审计员、保险公司职员、演员、导演、教师、社会科学家、公务员、秘书、警察、律师等		
第九组：组织管理能力	你擅长于组织和安排各种活动，具有协调人际关系的能力	调度员、导游、教练员、导演、教师、经理、公务员、商务师、保育员、咨询师、税务员、秘书、律师、警察等		

（三）成就经历

通过能力测试，了解了自己的能力特征往往只是第一步，而对于高中阶段的学生来说，最重要的往往是后面这一步。在了解的基础上接下来学生如何进一步地实践，形成具体的技能，完善学生的能力结构，并最终帮助学生有更大的可能性去实现自己想要的人生。

从小到现在，你一定参加过一些学校的或社会的实践活动，和同学一起分享你们的实践经历和收获吧。填写表 6-3。

你曾经参加了哪些校内外实践活动？

活动的经过怎样？

你在活动中担当什么角色？

活动后你的收获和体会？

表 6-3　校内外实践活动

	项目	最大的收获
1	担任各种学生干部（包括班级、年级和学校干部）	
2	学生社团	
3	各类比赛	
4	校内外有主题的调查（采访）	
5	暑期打工	
6	同学或朋友一起的旅游	
7	夏令营	
8		
9		

成就来源于工作、学校、课外活动、爱好、志愿者经历和家庭职责等。下

面我们开始为每一项成就经历取一个名字，写在一张白纸的上部。然后，尽可能地写出更多细节。这一点很重要。不要只是简单地写一个句子、给出最后的结果，而要说出你实际上做了什么才取得这样的成就。你的故事越详细，提示你的技能就越多（这正是这个练习的目的所在）。详细地描述完你的成就经历之后，再自己重新读一遍，圈出给你带来成就的技能，并在纸的右边列出。

成就经历和技能识别的例子

成功经历	所使用 / 识别出的技能
在医院做信差 当护士和医生们需要把医药用品送到医院内的另一个地方或给另一个人时，我很荣幸地被委任为信差。我还在没有任何人要求的情况下志愿打扫房间。	迅速 / 可靠地送信 可靠地运送医药用品 留心观察医院的需要 很合作地打扫房间 兴致勃勃地自愿工作运送、搬抬的能力
当选为副班长	
我与其他学生交谈并赢得了他们的选票。我承诺：当他们和教师之间出现麻烦时，我将提供帮助。而且，我保证会组织班组舞会。	成功地赢得班组竞选 有效地参加了副班长竞选 积极地说服同学们支持自己 有说服力地与同学们交谈 建设性地给予同学支持 热情推进班组舞会的召开 领导 / 语言 / 口头表达能力
美术展览	
我的24幅画在高中的美术展览中展出。其中一些是人物和动物的头像，还有一些是时装素描（彩色和黑白的）。	有吸引力地展出绘画 准确地描绘人 / 动物的头像 生动地描绘人 / 动物的面部特征 优雅地描绘时装 对空间 / 色彩的辨别能力
学习烹饪	

（续表）

成功经历	所使用 / 识别出的技能
第一次做饭是为我在内的 5 个人准备晚餐。每个人都说这顿饭很好吃。整个晚餐都由我负责，包括购买蔬菜和肉、加工和烹饪、上菜以及随后的收拾整理。	用心地学习烹饪 仔细地购买蔬菜和水果 富有想象力地准备食品 将餐桌布置得很诱人 很迅速地上菜 将餐具和桌子收拾得十分整洁 艺术能力 持家的能力
两个暑期担任 KFC 活动引导员	
为孩子们组织娱乐活动，储存和保养设备，策划游戏和比赛，组织才艺表演，举办艺术和手工展览，维持秩序。	有能力地管理活动 熟练地组织游戏项目 系统地保养设备 有效地策划比赛 有创造性地组织艺术 / 手工展览 坚定 / 镇定地维持活动秩序
在销售活动中获胜	
在杂志销售的竞赛中获得年级第一。 通过上门销售，在一周内售出价值 500 元的杂志订购单。鼓励其他人参加学校的这种比赛。	有说服力地推销杂志订购单 持之以恒地上门推销 有礼貌地告诉别人我不了解情况 积极鼓动其他学生 经营 / 销售 市场营销能力
暑期阅读	
我设立了暑期目标：一个暑假读 15 本书，包括小说和非文学类作品。每天为这一活动留出 4 ~ 5 个小时。	坚持不懈地读书 成功地达到了阅读目标 考虑周到地设立阅读目标 有成效地管理时间 口头 / 词汇知识 / 语言能力

现在，请写出你的成功经历。试着写出 3 ~ 5 个成功经历，尽可写出它们的细节，附上图文说明更佳。

成功经历：

细节	所识别的技能

当你取得成就时，要养成记录相关细节的习惯。坚持记录细节将是非常有价值的，特别是在你写简历和求职信或在准备面试时。给出你成就的相关细节，也就是为你所声称具有的技能提供了依据。雇主们都希望你能提供证据来支持你的资历。

（四）人才 = 认真的态度 + 专业的才能

传说古代西方有这样一位哲人，每当他听到人们夸奖某个年轻人天赋过人、前途远大时，他总会追问一句："这个小伙子工作认真吗？他是否勤奋？他是否认认真真地对待自己的人生？"的确，在那位哲人的眼中，一个认真工作的青年，才是真正值得赞许的。当然，也只有碰上这样的青年，人们才应当对他的未来有些美好的预期。而那些不管有多大的才华却不认真的青年，总是无一例外地重复着那种无所建树、伤感遗憾的生活。

上海地铁 2 号线的“终生遗憾”

上海地铁 1 号线是由德国人设计的，与中国设计师设计的 2 号线比起来，并没有什么特别的地方。然而，当 2 号线投入运营后，其运营成本却大大高于 1 号线，至今没有实现收支平衡。原来，两条地铁线只有一些“小小的差异”。

比如，上海地势只高于海平面一点点，雨季时建筑物容易受淹。德国设计师考虑到了这一点，便在 1 号线的每一个室外出口都设计了三级台阶，挡住了雨水。而 2 号线没有这些台阶，每逢下大雨，必遭雨水倒灌，因而造成巨大的经济损失。

再如，德国设计师在靠近站台约 50 厘米处铺上金属装饰，又用黑色大理石嵌了一条边。这样，当乘客走近站台边时，就会有所警惕，停在安全线以内。而 2 号线地面全部用同一色的磁砖，乘客很难意识到已经靠近了轨道，地铁公司不得不安排专人来提醒乘客注意安全。

诸如这样的“我们怎么没想到”的例子，还有很多很多……

是德国的设计师比中国设计师更聪明吗？显然不是，问题的关键在于认真和用心的程度。

其实，早在 20 世纪，鲁迅先生就批评说：“中国四亿人都生着一种病，那名称就是马马虎虎，不医好这个病，是不能救中国的。应该学习认真，除去这一味药外，没有别的药了。”

价值 2 亿的工作态度

2004 年底，国际航空联盟决定在亚洲遴选一座有超级吞吐能力，且在软硬件上都过得硬的机场，作为国际客运及货运的航空枢纽，成为各个国际航班的中转站。选定后的这个航空枢纽每年在收取停机费以及提供其他机场服务等方面，会有近 2 亿美元的收入。

此消息一出，亚洲各国机场积极申报参与竞争。最终中国的浦东机场、日本的成田机场、马来西亚的吉隆坡机场以及韩国的仁川机场从众多申报者中脱颖而出。

接下来，国际航空联盟的官员们开始对这 4 家机场展开调研——打分。很快，凭借着机场现有的吞吐能力和未来已定下的扩建规模，浦东机场和地处东北亚交通网中心的仁川机场进入了最后的决赛圈。决赛争夺更为激烈，就看谁的软件服务更胜一筹了。

国际航空联盟的几个官员们将自己乔装成一个个普通的乘客，开始偷偷地到两家机场“明察暗访”，在登机以及乘坐的过程中，两家机场上都给予了同样的规范化服务，难分伯仲。但是，接下来，等暗访的官员们下了飞机，来到行李区取自己的行李箱时，却发现仁川机场拿过的箱子非常干净，几乎是一尘不染，但在浦东机场取到的行李却显得有些脏兮兮的，有一个官员的箱子甚至无缘无故地新增了一道裂纹，好像是被摔过似的。

官员们开始了现场调查，他们发现在下行李时，当行李箱从滑梯上滑下来后（注：当时机场有专门工作人员帮着下行李，与今天的自助式不同），仁川的机场地勤工作人员面带微笑，小心翼翼地接过行李箱，然后用一块抹布将整个箱子从头到脚地认真擦了一遍后再小心地摆放到行李车上，等着乘客来取。而在浦东机场，官员们却发现了另一番景象——当行李箱滑下来后，地勤工作人员接到后，随意地使劲将其朝放在一旁的行李车上一扔，发出轰的一声响。随后，官员们又随机询问了几名来取自己行李的乘客，他们都是每周至少要来浦东机场一次的商务人士，官员们提出的问题是，你们随身的行李箱，因为损伤一般多长时间需要更换一次？得到的回答是：一年，最多一年半。

3 个月后，结果出来了，仁川国际机场胜出。国际航空联盟给出的解释是这样的——我们不能把每年 200 万吨乘客携带的货物交给一群不热爱自己工作的人来随心所欲地处理，这不符合亚洲中心空港的气质，也不符合每年近 3000 万次乘客的心愿！

【教学反思】

在高中阶段的心理辅导活动课上，要不要和学生讲解心理学专业本科生《普通心理学》课程里面关于能力的划分的内容，这是笔者一直在矛盾的问题。但是了解到一些职场过来人的感慨之后，我决定开始尝试。

很意外的发现是，虽然讲清楚能力结构以及相关概念显得不那么活跃，但是因为和学生的日常学习和生活的每一件事情都息息相关，学生表现出了相当的兴趣。当然在分析能力结构的时候，要有意识地穿插学生生活的事情来分析，还可以和学生讲职场中的具体事件来分析。一方面结合现在，一方面结合未来。

这使得我在反思，心理课程要不要讲一些理论和专业概念？到今天，很多学校的高中学生，小学上过活动游戏式心理课，初中上过活动体验式心理课，高中继续上这些主题进行相类似的活动，是否符合学生的实际需要？

实践证明，心理学的研究往往就是来帮助人们更好地选择和生活，面对需要做出重要选择和思考的高中生来讲，普及一些相关的心理学知识和研究成果，就显得必要了。

【教学建议】

（1）职业能力的测评建议借助课前的时间或者前一堂心理课完成，这样整堂课程就是围绕着锤炼能力的主题了。或者说，条件允许的话，把一堂课拆分为两节课来完成，先了解能力和自己的能力倾向，然后通过成就经历来锤炼能力，最后引导能力锤炼的思考。

（2）《成就经历》主题活动分为循序渐进三部分内容，前面是对成就经历的列举，主要突出学生经历的过程、事件和感受，分享的时候会更感性主观也会更生动。第二部分是通过范例了解如何识别经历中获得的技能。第三部分则是列举自己的成就经历来识别自己已经获得的技能。这三部分内容安排虽然是循序渐进的，但是教师可以根据自己的需要进行删减或者调整。最重要的是引导学生通过生活和学习的成就经历来获得各种技能，找到职业规划成功的核心。

(3) 要引导学生思考锤炼成才有一个很重要的因素就是认真的态度。本课引导的例子围绕此展开。但教师可以根据学生所在的地区学生的实际情况挑选更适合的例子。目标在以引领学生去思考，激发其热情和认真的态度。

【教学资源】

职业规划的核心

辛迪尼·梵（Sidney Fine）和理查德·鲍尔斯（ Richard Bolles）都认为，对技能的识别和分析是职业规划的核心，更是职业能力测评和培养的前提。他们将技能分为三个基本的类别：

- 功能性或可迁移性技能
- 工作内容或专业知识技能
- 适应性或自我管理技能

面试的时候，如果老板问："说说我们为什么要选择你的理由？"我们通常会告诉老板我们拥有的技能，而我们所做的任何可以确认和证明自己技能的事情都将大大增加我们被录用的机会。

如果因为各种原因离开原有的工作而需要更换职业的时候，我们需要抛开之前的职位和头衔而尽可能讲点自己所拥有的技能。比如，不是告诉别人我曾经当经理，而是说，因为经理的具体职责使得我们具有了商业管理能力和良好的人际沟通能力。

面试官关注什么？

前些天到南方医科大学的模拟招聘会比赛担任嘉宾面试官，活动结束后，一位模拟申请医疗专业设备培训师职位的学生选手问我："为什么面试官都不关注专业知识？"她认为这个职位对医疗设备专业知识的要求是比较高的，所以面试官应该更关注专业知识。

那么为什么面试官在面试中不关注专业知识呢？辛迪·梵（Sidney Fine）和理查德·鲍尔斯（ Richard Bolles）将技能分为功能性\可迁移性技能、内容\知识性技能、适应性\自我管理技能等三种类型：

(1) 可迁移技能是指可在工作之外得到发展，又被迁移到工作中的一些技能。它指的是人们做的事，例如教学、说服、管理、分析、操作等。

(2) 知识性技能是需要有意识地参加特殊培训，并通过记忆掌握特殊的词汇、程序和学科。例如懂得外语、足球运动的规则、人体构造等。

(3) 自我管理技能经常被视为人格特质，用来描述人或说明人具有的某些特征。这些特征或技能能够帮助人们更好地适应周围的环境、在周围文化环境中调整自己。它与例如人们如何与人相处、如何维持生活、如何应对环境等相关。

我们以医生对病人进行手术的例子来对技能类型区分，医生要成功地给病人做手术需要：

(1) 知识性技能：相应的医学知识，例如人体构造、疾病的特征等，这是可以通过学习培训获得的；

(2) 可迁移技能：能够熟练地操作手术刀，熟练运用手的技能可以帮助我们写好字，勤于练习书法，也会对操作手术刀有所帮助，我们可以看到熟练运用手可以体现在不同的方面。

(3) 自我管理技能：与助手紧密合作，以及和病人进行良好的沟通。这会涉及到医生的个人特质，而且是不容易培训的。这些技能像可迁移技能一样，可以从非工作领域迁移到工作领域。他们对于在工作中取得成就是不可或缺的，以至于雇主对它们的重视程度往往超过其他的所有技能。

自我管理技能是最难以培养的，但它是对成功不可或缺的，相对来说，知识性技能则更容易获得，而且是不论具有怎样的自我管理技能都可能获得相同的知识性技能，相反则不然。因此在面试的时候面试官首要关注的往往不是知识性技能。

功能性 / 可迁移技能

功能性 / 可迁移技能就是我们做的事，通常用动词来表达的行动。比如教学、组织、说服、装配、管理、计算、调查、分析、决策、操作、设计、维修等。功能性 / 可迁移技能清单（Bolles, 1985）将人们拥有的数以百计的功能性技能归为 40 个基本的组别（如下表）。比如，交流的技能可以分为倾听、提问、面试、交谈和写作。

功能性 / 可迁移技能可以从生活中的方方面面特别是工作之外得到发展，同时又可以被迁移运用到工作之中。比如说，教学是一项功能性 / 可迁移技能，如果你曾经在美容院进行过专业技能培训，那么你很有希望能在职业学校熟练地掌握个人形象设计这门课程，并成功地将你的教学技能迁移到职业学校环境中。这就是“泛化”（generalization）——把对一种环境的反应扩大到另外的环境中（McMahon，1977）。

内容 / 知识技能

内容 / 知识技能是你知道的东西，涉及学科的主题，一般用名词来表示。比如我们是否懂得日语，动漫比赛的规则，电脑的零部件，人体的器官，四大文明古国，人类的微表情，美国的历史……世界上有成千上万的内容 / 知识技能。

内容 / 知识技能最显著的特点是：它们需要有意识地进行特殊的培训，并通过记忆掌握特殊的词汇、程序和学科知识。

也许我们不会打篮球，但我们肯定看过很多次篮球练习或者比赛。打篮球时候的奔跑、跳跃、掩护、定位、拍球、处理、运球、投篮、旋转、弹跳、防卫、协调和坚持，这些都是功能性技能，是我们要进行的动作。同时，我们还必须知道比赛规则、防御方法和技巧、如何防御、在特定情境中的应对，这些是关于篮球的专业知识，是我们需要进行专门有意识的培训并学习专业的知识，是内容技能。这样我们就明白了教练不仅要帮助篮球运动员的训练，也要帮助他们进行专业的学习。

通常我们需要把功能性技能和内容技能放在一起来讲。也就是说，我们通常很难也没必要把所知道的和所做的事情区分开来。动作后面通常会有对象，我们总是先说功能性技能，然后跟着内容技能。以职业规划技能为例（如下表）。

功能性 / 可迁移性技能	内容 / 知识性技能
识别，诊断	难以作职业决策的问题
学习，记忆	职业决策过程
发现，找到	劳动市场趋势
产生，记忆，幻想，清点	职业前景
定位，阅读，调查	
分析，评估，复制	职业信息
组织，分类	工作世界

（续表）

决定，标示	职业兴趣的组合
加强，申请	成就需要（动机）
记忆，汇编	过去和现在的成就
写作，详述	成功经历
识别、列举，排序	个人的能力和工作价值观
减少，缩减	职业前景的数目
评价，评估	职业选择的风险
列举，编码，权衡，判断，计算	职业决策的影响因素
挑选，决定，选择	职业或就业方向
比较，检查	教育专业信息
证实，在现实中校验	职业决策
定位、知晓，分辨	空缺职位来源
组合，记忆	简历中的信息
写，设计	简历和求职信
收集，写	工作申请表的内容
调查，评估	正在招聘的公司
交谈，说服	支持面试的雇主

适应性 / 自我管理技能

被辛迪尼·梵（Sidney Fine）称为适应性技能和被理查德·鲍尔斯（Richard Bolles）称为自我管理技能的这种技能通常看作人格特质或个人品质，而不是技能。它们描述人或者说明人具有的某些特征。这些特征能帮助我们更好地适应环境，在周围的文化环境中更好地调整自己。比如，我们如何与人相处、维持生活平衡、自我管理时间、如何应对环境变化等。我们通常用形容词或者副词来表达适应性 / 自我管理技能。

有数以百计的人格特质被称之为适应性 / 自我管理技能，它们是后天习得的，都需要练习，可以从非工作生活领域迁移到工作领域。它们对于工作中成就的取得是不可或缺，雇主们对它们的重视程度往往超过其他所有的技能。很多人力资源管理专业人员都会告诉我们：人们无法适应工作或被解雇，往往都是因为缺乏适应性/自我管理技能，而不是缺乏才能。下表中列出的是雇主们期待在前来求职的人身上看到的适应性/自我管理技能的一部分。

理性的－健全的，合理的，符合逻辑的	可靠的－令人信任的，可信赖的
健康的－精力充沛的，强壮的，健壮的	稳定的－坚固的，稳固的，可靠的
合作的－同意的，一致的	积极的－有远见的，坚定的
有能力的－熟练的，高效的	勤奋的－努力的，忙碌的
认真的－可靠的，负责的	忠诚的－真诚的，忠实的，坚定的
反应灵敏的－活泼的，能接纳的	充满热情的－强烈的，热心的
有效的－多产的，有说服力的	有策略的－考虑周详的，慎重的
镇定进取的－冒险的，努力的	坚强的－不动摇的，坚定的

三种技能的结合

下面是一位学校门卫写给社区的一封公开信，介绍了门卫的贡献。在描述了门卫清理房间和扫地等日常技能后，这位看门人基本上使用了功能性和内容性技能语言来陈述他所履行的其他所有职责。

（我们）装卸卡车，签收和运送货物，储存教学用品，订购清洁工具……检查吊扇的皮带、通风口和抽风机……每天早晨检查锅炉并在每年夏天将它们拆开进行清扫……清洁油阀……保养清洁用具和园艺设备……及时进行小的维修……修理家具……粉刷墙壁和悬挂图画……更换灯泡，安慰人，修理衣服拉链和自行车链条……为集会做准备……为学生们读书……协助提供午餐……为年幼的学生开牛奶瓶和果汁箱……检查草场设施以保证其安全性……修剪草坪，种花，除草，修剪树木和灌木丛，拾捡纸片和玻璃，铲雪，除冰……（Henkel，1994）

我们生活在门卫周围，其实也很难想到有如此多的职责，除非有人告诉我们。所以，面试的时候，当我们试图说服雇主考虑录用我们的时候，我们需要用清晰而简洁地用功能性、内容性和适应性技能告诉雇主我们的胜任资格。试想一下，你会用怎样的三种技能结合的语言告诉雇主你有胜任的资格？如果你是雇主，听到这样的描述会有怎样的感受和想法？作为雇主，再试想一下，如果听到了模糊的甚至有点儿啰唆的语言告诉你他们做过了什么，担任过什么职务，而不是清晰地表达他们拥有的可被录用的技能，你又会有怎样的感受和想法呢?

当我们将功能性、内容性和适应性技能融合成一种技能时，就能够非常具体地表达能力，这种具体、精确对你和他人都会有好处。比如“我很有效率地铺设展台”“我用审美的眼光设计菜式”“我冷静地处理旅客的不良情绪”，这些词汇使我们清晰明确地对技能进行了解释，而这正是一位想雇用展台人员、厨师和航空服务员的雇主所希望听到的。

第七章

财富人生

【教学背景】

在我们未来的职业生涯中，面对一份工作时，我们往往会有薪酬、发展前途、工作环境等种种因素的考虑，或者，很可能还会面临着不同机会的选择。那么，我们就需要了解自己的职业价值观以及职业锚。

职业价值观表明了一个人通过工作所要追求的理想是什么，是为了财富，还是为了地位，或是其他的因素，它探讨人们在职业生活和职业选择中，在众多的价值取向里优先考虑哪种价值。而职业锚是在面临选择时，坚持不会放弃的那一样东西。每个人所处的环境不同，内心的衡量尺度也不同，因此，对就业方向和具体职业岗位的选择也不同。

对于高中学生来讲，进入高中以后，很快就要面临择业或在继续求学中进行专业选择等问题。所以，对他们来说，尤其是对高年级的高中生来说，在对专业、职业、生活方式以及个人发展方向等问题进行选择时，就会面临着各种价值观的抉择。高中生常常面临较多方面的价值取向，既有自己诸多价值观之间的矛盾，又有来自他人和社会的影响。同伴团体中可能倾向于一种价值内容，而父母和社会则倾向于另外的价值内容，所以时常会碰到既想获得同龄人的认可，又不想与父母的期望相背离的内心冲突。因此，本课题旨在通过对价值观的探索和澄清，引导学生在思考生涯发展的时候，重视价值观的影响，期望自己所做的生涯选择能符合自己的价值取向，从而更好地设计自己的人生。

【教学设计】

教学目标

（1）理解什么是价值观以及价值观在个体选择职业和生活方式中的影响；

（2）尝试澄清并不断确立自己的价值观，在职业规划和生涯发展中能重视个人价值观的作用；

（3）培养健康合理的职业价值观，追求快乐而有意义的人生。

教学对象

高中学生（如果是在高三年级上课，可以结合专业选择和志愿填报来进行。）

教学准备

（1）学生每人一张 A3 白纸；

（2）拍卖槌儿（可以用矿泉水瓶等敲击能发出声音的物品替代）、拍品表格；

（3）各种简单漂亮的包装盒（根据条件选择是否需要）。

教学过程

（一）课程导入

出示课题，教师提问：我们今天要一起来讨论“财富人生”的话题，我想问一下大家，你觉得你将来拥有多少财富比较满意？

学生回答。

教师选取一个合适的平均数，然后引出主题活动1。

（二）探究价值观主题活动1——非常拍卖

(1) 教师解释拍卖活动规则：

① 现在有一场拍卖会，你可以用你拥有的这笔钱去拍你想要的拍品；

② 在拍卖之前，请先安排一下自己金钱的分配情况，写在“预算金额”一栏，并在拍卖过程中记录下每样拍品的最后成交金额；

③ 每样拍品的起价是一万元，加价幅度是一千的整数倍，请在拍卖师叫“开始”以后进行叫价，价高者得；

④ 拍卖过程中，各项拍品将随机出现，而不是按照清单顺序；

拍卖清单

项　目	预算金额	成交金额	成交项目
1. 亲密爱人			
2. 知心朋友			
3. 幸福美满的家庭			
4. 什么时候都可以做自己喜欢的事情			
5. 开心的生活			
6. 成为非常智慧的人			
7. 身心健康			
8. 外貌出众、引人注目			
9. 不断挑战自己的潜力			
10. 环游世界			
11. 在学术方面卓有成就			
12. 拥有权力			
13. 有能力捐助急需帮助的人			

（续表）

项 目	预算金额	成交金额	成交项目
14. 帮助别人解决困惑			
15. 精通一项艺术才能（如弹琴、绘画）			
16. 坚持不懈的追求			
17. 拥有一大笔财富			
18. 精湛的专业技能			
19. 吃遍天下美食			
20. 消除歧视、欺骗和不公正			

（2）拍卖结束后教师提问，请学生思考：

① 你最后成交的拍品（项目、金额），是否是自己原先想拍的？

② 如果不是，原先最想购买的是哪一项？为什么如此重视该项？为什么最后没有获得？

③ 在竞拍过程中，跟其他人一起为了某个项目而竞争，你的感受是怎么样的？

④ 你对每个项目的出价接近自己的预算吗？在拍卖中有没有什么因素打乱了你原先的计划？

⑤ 当你选择某个项目时，你头脑中真正想要的是什么？

⑥ 在这次活动中，你有什么后悔或遗憾吗？

⑦ 如果重新来过，你的选择又会怎样？

（3）教师讲解有关价值观的知识，并引出价值观对个人选择职业和生活方式的影响。（此处可以多举例子来说明）

① 价值观是指个人对人、事、物的看法，凡是你觉得重要的、想追求的，就代表你的价值观，它的面貌常常是“我在乎……”“我认为……”或“我不喜欢……”等。

② 价值观的几个要点：

- 不同的人有不同的价值观。

- 个人的年龄、生活环境、经历等影响着他（她）的价值观。
- 价值观没有绝对的对错之分，但它影响着我们的人生。
- 价值观不是一成不变。
- 我们不应该把自己的价值观强加给他人。要理解和尊重与我们价值观不同的人。

（三）探究价值观主题活动2——“我最心仪的工作”

(1) 请学生在纸上描述“我最心仪的工作是……”，不是指具体什么工作，而是我想从工作中获得的，不要长句，短语即可。

(2) 全班分享：我在工作中寻找的是什么？我判断工作“好或不好”的标准是什么？

(3) 教师选取学生提及频率最高的十个短语，写在黑板上，然后分组讨论，哪些工作可以满足大家的期望。

短语	职业描述

(4) 教师总结。

（四）价值观选择主题活动1——我最重要的……

请学生凭第一反应回答下面的问题：人只有一辈子，你这辈子最希望拥有什么？

（1）如果可以拥有五项，你最希望拥有

① ______________________________

② ______________________________

③ ______________________________

④ ______________________________

⑤ ______________________________

（2）生活充满了变化，如果你不得不逐一放弃其中的一项，最后只能留下一项，你会留下______________________，其他四项的放弃顺序是：________。

（3）你留下最后一项的理由是____________________________

（4）和同学交流和分享彼此的答案。

（五）价值观选择主题活动2——“神秘任务”

教师事先准备16个“神秘任务”，逐一编号，可以分组让学生选择，也可以贴在黑板上让全班学生一起选择。学生选好一项后，显示内容，并询问：

（1）你为什么会选择它？

（2）你为什么不选择它？

（3）有哪些职业会符合这些描述？请例举。

序号	任务
A	收入很高，但需要经常加班和出差。
B	收入不高但很稳定，每天的工作内容没什么变化。
C	起始收入不高，但有从底层开始逐步向上发展的机会。

（续表）

D	每天的工作都可能充满变数，要求能承担风险和责任。
E	需要经常写研究报告等，收入取决于报告的质量和效果。
F	可以自由安排工作节奏和方式，收入取决于主动性和投入工作的时间。
G	能经常到各地旅游，但需要具备某项专长。
H	需要和不同的人打交道，甚至是难缠的人。
I	没有收入甚至还需要自己贴钱，但能对他人和社会有帮助。
J	反应敏捷，体力过关，对身体素质要求高。
K	设计很多有创意的作品。
L	收入不错，但每天的工作都很琐碎，甚至简单重复得有些无聊。
M	收入可能会很高，也可能会赔本。
N	应酬很多，很少有机会和家人一起吃饭。
O	工作环境拥挤，同事关系复杂。
P	收入不算很高，但很喜欢。

（六）教师介绍“职业锚”

刚才大家在选择时可能都会有一些纠结，这其实反映了价值观之间的冲突。

（1）让学生讨论一下在职业规划中可能会遇到哪些方面的价值观冲突？（个体价值观之间的冲突；个体价值观与他人价值观之间的冲突；个体价值观与社会潮流之间的冲突……）

（2）寻找一个价值观冲突的实例（可以是真实案例，也可以是学生刚才活动中比较集中的两难选择），让学生来讨论如何处理；

（3）介绍“职业锚”知识（见教学资源）。

（七）结束语

命运不是一个机会，而是一个选择。

——威廉姆·詹宁斯·布朗

【教学反思与建议】

（1）本课程主要是引导学生进行价值澄清，包含两个过程，一个是探究自己的价值观，包括“非常拍卖”和“我最心仪的工作”两个活动，另一个是面对价值观冲突时的选择，包括“我最重要的”和“神秘任务”，教师可以根据需要选择安排，若时间允许，也可以安排两课时；

（2）拍卖活动最好当场请有意愿的学生来担任拍卖师，并请拍卖师对拍品能有所介绍；如果条件允许，可以事先准备一些漂亮的包装盒，代表各种拍品；

（3）本课程主要是让学生认识和澄清价值观，所以在活动过程中要尊重学生的价值观，也要引导学生之间相互尊重。学生在活动中可能会出现一些引发争议的价值观，教师不要急着去做价值评判，可以通过一些有技巧的提问引发学生自我觉察和反思。如有需要和时间允许，也可以就学生中争议比较大的问题来组织一次辩论会。

（4）活动中可能会出现有的学生不愿参与的情况，教师可以在活动后的提问中询问他们的想法。

【教学资源】

(一)职业锚

职业锚是在职业生涯规划领域具有“教父”级地位的概念，它是由美国埃德加·施恩教授提出的，最初产生于美国麻省理工学院斯隆研究院的专门小组，从斯隆研究院毕业生的纵向研究中演绎而成。所谓职业锚，是自我意向的一个习得部分。个人进入早期工作情境后，由习得的实际工作经验所决定，与在经验中自省的动机、需要、价值观、才干相符合，达到自我满足和补偿的一种稳定的职业定位。

施恩认为，职业设计是一个持续不断的探索过程，随着人对自己了解的逐渐加深，就会越来越明显地形成一个占主要地位的“职业锚”。职业锚，又称职业系留点。锚，是使船只停泊定位用的铁制器具。职业锚，实际就是人们选择和发展自己的职业时所围绕的中心，是指当一个人不得不作出选择的时候，无论如何都不会放弃的职业中的那种至关重要的东西或价值观。职业锚强调个人能力、动机和价值观三方面的相互作用与整合。职业锚是个人同工作环境互动作用的产物，在实际工作中是不断调整的。

1992 年以后，麻省理工管理学院将职业锚拓展为八种锚位，分别是：技术 / 职能型、管理型、自主 / 独立型、安全 / 稳定型、创业型、服务型、挑战型、生活型等八种类型。

1. 技术 / 职能型

技术职能类型的人，有特有的工作追求、需要和价值观，表现出如下特征：

(1) 强调实际技术或某种职能业务工作。技术职能型热爱自己的专业技术或职能工作，注重个人专业技能发展，一般多从事工程技术、营销、财务分析、系统分析、企业计划等工作；

(2) 拒绝全面管理工作。一般不喜欢全面管理工作，将之视为一个政治竞技场，是一个不让他们施展技术才能的岗位，故具有强烈抵制进入全面管理的念头。而对某方面的职能管理并不拒绝，因为这是他们施展技能必不可少的，也是一种进步方式。但是，负责单纯管理责任的职业不吸引他们；

(3) 其主要成长是在技术职能方面的不断提高，其成功更多的取决于该领域专家的肯定和认可，以及承担该能力领域日益增多的富有挑战性的工作。其成长和获得成功看重的主要不是等级地位的大幅度提升。

当然，职业提升对技术职能型并非不重要。有可能的话，他们也力求向上发展，但是，不要求在领域外谋求发展，坚持在技能领域内的提升。

2. 管理型

管理型职业具有如下特点：

(1) 负责单纯管理责任，且责任越大越好，这是管理型的追逐目标。他们与不喜欢、甚至惧怕全面管理的技术职能型的人不同，倾心于全面管理，掌握更大的权力，肩负更大责任。具体的技术工作或职能工作仅仅被看作是通向更高、更全面管理层的必经之路；他们从事一个或几个技术职能领域内的工作，只是为了更好地展现自己的能力，是获取专职管理权之必需；

(2) 具有强有力的升迁动机和价值观，以提升、等级和收入作为衡量成功的标准。管理型权欲旺，升迁动机盛，追求提升，致力于提升，随着等级上升，所负责任加大，权力加大，收入也随之提高。这是他成功的标志，也是其自我价值的实现；

(3) 具有将分析能力、人际关系能力和感情能力特别合成的技能。分析能力，即识别、分析和解决问题的能力。这种能力要求对环境敏感，能评估信息的有效性，具有分析问题和解决问题的技能。人际关系能力，即能影响、监督、率领、操纵和控制组织的各级人员，更有效地实现组织的目标。感情能力，能够从感情上应付严峻局面和艰难的人际情境，具有调适力、承受力，能在风险还不确定条件下的决策，承担较大的责任，能负责解决可能出现的任何危机，能义无反顾地承担自身决策和下属行为的后果。在三个能力当中，感情能力很微妙，它可能是识别某种人将在高水平的管理角色中取得成功的最重要的能力。就三种能力而言，其他类型职业锚的人也都具有，甚至其中的一两个方面的能力比管理锚的人发展得更高。但是，他们没有将这些能力组合，而管理锚的人具有将三种能力合成的技能，进而表现出优越的管理才干；

(4) 抛锚于管理型的人在很大程度上具有对组织的依赖性。要依赖组织为他们提供工作岗位，获得大的责任，展示他们高水平的管理能力。而且，管理型所具有的认同感和成功感来自其所在组织，他们与组织命运紧紧相连；当介绍自己时，常常是介绍他们的职位、公司的规模、活动域及其发展。从某种意义上讲，这些人就是高水平的“组织人”。

3. 自主 / 独立型

这种职业锚的特点是：

(1) 最大限度地摆脱组织约束，追求能施展个人职业能力的工作环境。以自主、独立为锚位的人认为，组织生活太限制人，是非理性的，甚至侵犯个人私生活。他们追求自由自在、不受约束或少受约束的工作生活环境；

(2) 自主型职业锚与其他职业锚有交叉。如自主型职业锚同时是技术职能能力锚，或者同时是安全型职业锚。另有情况是，追求自主型职业锚的人，将其追求的职业也看作是一种向较高层面管理位置的过渡。尽管追求的职业锚有交叉，但是，自主的需要较其他方面的需要（如技术职能能力展示、安全稳定或管理需要、创造的需要）更强烈。自主之所以成为锚，是因为选择职业时决不放弃它，而且是自主为第一需要；

(3) 以自主型职业为锚的人在工作中显得很愉快，享有自身的自由，有职业认同感，把工作成果与自己的努力相连结。自主型的人有与创造型的人共同享有的认知。创造型的人，例如企业家，一旦成功，便也享有了自主权和自由。然而二者又不相同，企业家全力以赴要追求和建立某种东西，而追求自主的人则要求随心所欲，有自己的生活方式和工作习惯。

4. 安全 / 稳定型

安全 / 稳定型的人追求工作中的安全与稳定感，其特征如下：

(1) 职业的稳定和安全，是这一类型的追求、驱动力和价值观。它们的安全取向主要为两类：一种是追求职业安全，稳定源和安全源主要是一个给定组织中的稳定的成员资格，例如大公司组织安全性高，做其成员稳定系数高；另一种注重情感的安全稳定，包括一种定居，使家庭稳定和使自己融入团队的感情；

(2) 在行为上，安全锚的人倾向于根据雇主对他们提出的要求行事，以维持工作安全、一笔体面的收入、有效的退休方案、津贴等形式体现出的一种稳定的前途；

(3) 对组织具有依赖性。抛锚于安全型的人，一般不愿意离开一个给定的组织，他们不论相信自己具有什么样的个人抱负和能力，都仰赖组织来识别他们的需要和能力，相信组织会根据他们的情况做出可能的最佳安排。他们较其他人更容易接受组织；

(4) 个人职业生涯的开发与发展受到限制。安全型职业锚的人，依赖组织，个人缺乏强的驱动力和主动性，很不利于自我职业开发与发展。如果以安全稳定为锚位的人，确实有很强的业务技术才能，他们可能会升迁到一种高级职能经理的层面。但是，他们心理上也随之存在一定程度的不安全感，然而，恰恰是这非同一般的不安全感，往往不能使他们在经理位置上干下去；要求高度的感情安全，限制了他们沿着等级维度的职业运动。如果经济危机迫使其所在组织裁员，安全型职业型由于在开发个人职业方面缺乏训练，加之不能自主、顺从的个性，常常是要吃亏的；

(5) 安全型职业锚的成功标准是：一种稳定、安全、整合良好合理的家庭和工作环境。

5. 创业型

这是一个很独特的职业锚：

(1) 在某种程度上，创造型锚同其他类型职业锚有重叠。追求创造型锚的人要求有自主权、管理能力，能施展自己的才干。但是，这些不是他们的自主权、主价值观，创造方是他们的主要动机和价值观；

(2) 有强烈的创造需求和欲望。追求创造型锚的人具有一种比较稳定的需要，即建立或创造某种东西，它们完全属于自己的杰作。例如，创造出一种以自己姓氏命名的成果或程序，创造一家自己的公司。发明创造、奠基立业，是他们工作的强大驱动力，是他们决不会放弃的东西；

(3) 意志坚定，勇于冒险。冒险与创造（特别是极强烈的创造欲）犹如孪生兄弟。立志抛锚于创造型的人，既然强烈要求标新立异、有所创造，一般都做了冒险的准备。他们懂得，不敢于冒险，意味着瞻前顾后，裹足不前，必将一事无成。因此，总是力图以坚忍不拔、百折不回的精神和行动，赢得创造需要的实现。

6. 服务型

服务型的人指那些一直追求他们认可的核心价值，例如：帮助他人，改善人们的安全，通过新的产品消除疾病。他们一直追寻这种机会，这意味着即使变换公司，他们也不会接受不允许他们实现这种价值的工作变换或工作提升。

7. 挑战型

挑战型的人喜欢解决看上去无法解决的问题，战胜强硬的对手，克服无法克服的困难障碍等。对他们而言，参加工作或职业的原因是工作允许他们去战胜各种不可能。新奇、变化和困难是他们的终极目标。如果事情非常容易，他马上会变得非常厌烦。

8. 生活型

生活型的人喜欢允许他们平衡并结合个人的需要、家庭的需要和职业的需要的工作环境。他们希望将生活的各个主要方面整合为一个整体。正因为如此，他们需要一个能够提供足够的弹性让他们实现这一目标的职业环境。甚至可以牺牲他们职业的一些方面，如：提升带来的职业转换，他们将成功定义得比职业成功更广泛。他们认为自己在如何去生活，在哪里居住，以及如何处理家庭事情，及在组织中的发展道路是与众不同的。

职业锚是指当一个人不得不作出选择时，无论如何都无法放弃的职业中的那种至关重要的东西或价值观。正如"职业锚"这一名词中"锚"的含义一样，职业锚实际上就是人们选择和发展自己的职业时所围绕的中心。对于这一概念的理解要注意以下几个方面：

- 职业锚以习得的工作经验为基础；
- 职业锚不是根据各种测试出来的能力、才干或者作者动机、价值观所做的预测。而是在工作实践中，依据自身和已被证明的才干、动机、需要和价值观，现实地选择和准确的职业定位；
- 职业锚是自我观中的动机、需要、价值观、能力这几个方面相互作用和逐步整合的结果；
- 个人及其职业锚不是固定不变的。

职业锚，是个人稳定的职业贡献区和成长区。但是，这不意味着个人将停止变化和发展。人们以其职业锚为其稳定源，可以获得该职业工作的进一步发展。

在个人的工作生命周期中，在组织的事业发展过程中，职业锚发挥着重要的功能作用。

(1) 识别个人职业抱负模式和职业成功标准。职业锚是个人经过搜索，所确定的长期职业贡献区或职业定位。这一搜索定位过程，依循着个人的需要、动机和价值观进行。所以，职业锚清楚地反映出个人的职业追求与抱负。如某人选定的是技术职能能力锚，则显现出其志向和抱负在于专业技术方面的事业有成，有所贡献。与此同时，从职业锚可以判断其达到职业成功的标准。职业成功，无一致的定义，亦无统一固定标准，因人而异，因职业锚而不同。对于抛锚于管理型的人来讲，其职业成功在于升迁至高职位，获得全面管理越多人的机会和越大的管理权力。而对于安全型职业锚的人来讲，求得一个稳定地位和收入不低的工作，有着优雅的工作环境和轻松的工作节奏，便是其职业成功的标志了。

(2) 促进预期心理契约得以发展，有利于个人与组织稳固地相互接纳。职业锚能准确地反映个人的职业需要及其所追求的职业工作环境，反映个人的价值观和抱负。透过职业锚，组织获得个人正确信息的反馈，这样，组织才可能有针对性地对员工的职业发展设置可行的、有效的、顺畅的职业通道；个人则因为组织的有效职业管理，自身的职业需要得以满足，必然加深对组织在情感上的认同与服从。于是，组织与个人双方相互深化了解，互相交融，达到稳定的相互接纳。

(3) 增长职业工作经验，增强个人职业技能，提高劳动生产率和工作效率。

职业锚是个人职业的定位，是长期贡献区。相对稳定地长期从事某项职业，必然增长工作经验；经验的丰富和积累，既使个人的知识扩增，也使个人的职业技能不断增强，直接产生提高工作效率或劳动生产率的明显效益。

(4) 早期职业锚可为做好中后期的职业奠定基础。

在具有工作经验之前，锚是不存在的。通过工作经验的积累产生的职业锚，能清晰地反映出个人进入成年期的潜在需要和动机，同时也反映了这个人的价值观和潜在的才干。个人定位于某一种职业的过程，就是他自我认知的过程，帮助他认识自己具有什么样的能力，还需要什么，价值系统是什么，自己属于哪种类型的人。把职业与完整的自我观相整合的过程，决定了成年期的主要生活和职业选择。所以，职业锚是个人中后期职业发展的基础，换言之，中后期职业发展和早期职业锚是联系在一起的。

（二）生涯价值观问卷

请根据你在选择工作或职业时对以下每一项考虑的重要性进行选择：

选　项	不重要	不太重要	一般	很重要	非常重要
1. 收入很多。	1	2	3	4	5
2. 即使会占用休息时间，我也愿意。	1	2	3	4	5
3. 单位很稳定。	1	2	3	4	5
4. 我的工作对别人有帮助。	1	2	3	4	5
5. 我能自己决定自己的工作步调。	1	2	3	4	5
6. 我期待每天都去上班。	1	2	3	4	5
7. 我知道我该做什么，并且做得很轻松。	1	2	3	4	5
8. 我会在我的工作岗位上做得很出色。	1	2	3	4	5
9. 这份工作不会占用我太多休息时间。	1	2	3	4	5
10. 只要我努力，就可以加薪。	1	2	3	4	5
11. 在这家非常大的公司可以获得一个稳定的职位。	1	2	3	4	5
12. 我可以看见自己工作的成果。	1	2	3	4	5
13. 我工作时不会受到别人的干扰。	1	2	3	4	5
14. 通过我的努力，我可以晋升到高薪的职位。	1	2	3	4	5
15. 即使薪水不高，我也会做我喜欢的工作。	1	2	3	4	5
16. 如果我做得好，我会获得赞赏和认可。	1	2	3	4	5
17. 我可以自己做主。	1	2	3	4	5
18. 我会变得富有。	1	2	3	4	5
19. 我大部分时间可以做有趣的事情。	1	2	3	4	5
20. 我会有丰厚的养老金。	1	2	3	4	5
21. 我可以决定我每天的工作。	1	2	3	4	5
22. 我做额外的工作，可以获得额外的报酬。	1	2	3	4	5
23. 我可以做我想做的事情。	1	2	3	4	5
24. 我的工作环境很好，老板处事公正。	1	2	3	4	5
25. 我觉得把工作做得越来越好是一种挑战。	1	2	3	4	5
26. 只要收入高，我也会做我不喜欢的工作。	1	2	3	4	5
27. 我的工作符合我的喜好。	1	2	3	4	5

（续表）

选　项	不重要	不太重要	一般	很重要	非常重要
28. 我能受到完善的职前培训。	1	2	3	4	5
29. 我在我的工作中能成为专家。	1	2	3	4	5
30. 工作时间灵活，我来去自由。	1	2	3	4	5
31. 工作的乐趣常常让我废寝忘食。	1	2	3	4	5
32. 我不想做冗长枯燥的工作。	1	2	3	4	5
33. 大家都能看到我的工作成果。	1	2	3	4	5
34. 我可以自己决定工作内容和节奏。	1	2	3	4	5
35. 我的收入可以支付我的高消费。	1	2	3	4	5
36. 如果生病或发生意外，我能获得补助。	1	2	3	4	5
37. 我可以充分地发挥自己的专长。	1	2	3	4	5
38. 我可以决定我每天的工作量。	1	2	3	4	5
39. 加班时有加班费的。	1	2	3	4	5
40. 在这家公司里，我可以换到其他我感兴趣的部门。	1	2	3	4	5
41. 我的工作对社会很重要。	1	2	3	4	5
42. 我可以选择我的工作伙伴。	1	2	3	4	5
43. 我可以分红。	1	2	3	4	5
44. 我可以遇到志同道合的人。	1	2	3	4	5
45. 我的工作没什么难度。	1	2	3	4	5
46. 我的工作不会有人监督，工作的成效能得到应有的认可。	1	2	3	4	5
47. 工作出色会有奖励。	1	2	3	4	5
48. 这份工作不会让我觉得枯燥厌烦。	1	2	3	4	5
49. 同事之间充满情意。	1	2	3	4	5
50. 我能升到一个令人尊敬的职位。	1	2	3	4	5

计分方法：

（1）请将相应题号的得分计入下面表格，并计总分；

（2）将各项总分排名次；

（3）排在第一位的是你在工作中最看重的。

题号	总分	排序
M	1、10、14、18、22、26、35、39、43、47	
I	2、6、15、19、23、27、31、40、44、48	
S	3、7、11、20、24、28、32、36、45、49	
R	4、8、12、16、25、29、33、37、41、50	
A	5、9、13、17、21、30、34、38、42、46	

M 金钱：选择工作时，你优先考虑的是收入和待遇；

I 兴趣：选择工作时，你优先考虑的是能否符合自己的兴趣；

S 稳定：选择工作时，你优先考虑的是工作的稳定性；

R 自豪：选择工作时，你优先考虑的是能否充分发挥自己的能力和专长；

A 独立：选择工作时，你优先考虑的是自主空间大，独立性强。

(三)职业价值观问卷

职业价值观是人们在职业生活中表现出来的一种价值取向，是人们在选择职业时的一种内心尺度，是人们对待职业的一种信念和态度。它支配着人的择业心态、行为以及信念和理解等，支配着职业人认知、明白事物对自己职业发展的意义以及对自我的了解、定位、设计等，也为自认为正当的职业行为提供充足的理由。每个人由于所受教育的不同和所处环境的差异，在职业取向上的目标和要求也是不相同的。在许多场合，每一个人都要在一些得失中做出选择，而左右人们选择的往往是自己的职业价值观。例如，从事科研工作能获得智力刺激、成就感、独立性和社会地位等，但不能满足经济报酬、社会交往、安逸舒适等；成为一名公司白领可获得经济报酬、社会交往以及成就感，但可能无法实现独立性、安全感等。没有一种职业能完全满足一个人所重视的各种价值观，因而，了解自己各种价值观的权重排序是非常必要的一件事情。

通过本测试，就可以大致了解自己的职业价值观倾向，从而为自己选择理想的职业提供信息。

1. 测验设计

本测验 52 题，可帮助测试者大致确定自己的职业价值观类型。在回答下列问题时，若自己认为“很不重要”记 1 分，“较不重要”记 2 分，“一般”记 3 分，“比较重要”记 4 分，“非常重要”记 5 分。

(1) 你的工作必须经常解决新的问题。

(2) 你的工作能为社会福利带来看得见的效果。

(3) 你的工作奖金很高。

(4) 你的工作内容经常变换。

(5) 你能在你的工作范围内自由发挥。

(6) 工作能使你的同学、朋友非常羡慕你。

(7) 工作带有艺术性。

(8) 你的工作能使人感觉到你是团体中的一分子。

(9) 不论你怎么干，你总能和大多数人一样晋级和涨工资。

(10) 你的工作使你有可能经常变换工作地点、场所或方式。

(11) 在工作中你能接触到各种不同的人。

（12）你的工作上下班时间比较随便、自由。

（13）你的工作使你不断获得成功的感觉。

（14）你的工作赋予你高于别人的权力。

（15）在工作中，你能试行一些自己的新想法。

（16）在工作中你不会因为身体或能力等因素，被人瞧不起。

（17）你能从工作的成果中，知道自己做得不错。

（18）你的工作经常要外出、参加各种集会和活动。

（19）只要你干上这份工作，就不再被调到其他意想不到的单位和工种上去。

（20）你的工作能使世界更美丽。

（21）在你的工作中，不会有人常来打扰你。

（22）只要努力，你的工资会高于其他同年龄的人，升级或涨工资的可能性比干其他工作大得多。

（23）你的工作是一项对智力的挑战。

（24）你的工作要求你把一些事物管理得井井有条。

（25）你的工作单位有舒适的休息室、更衣室、浴室及其他设备。

（26）你的工作有可能结识各行各业的知名人物。

（27）在你的工作中，能和同事建立良好的关系。

（28）在别人眼中，你的工作是很重要的。

（29）在工作中，你经常接触到新鲜的事物。

（30）你的工作使你能常常帮助别人。

（31）你在工作单位中，有可能经常变换工作。

（32）你的作风使你被别人尊重。

（33）同事和领导人品较好，相处比较随便。

（34）你的工作会使许多人认识你。

（35）你的工作场所很好，比如，有适度的灯光，安静、清洁的工作环境，甚至恒温、恒湿等优越的条件。

（36）在工作中，你为他人服务，使他人感到很满意，你自己也很高兴。

（37）你的工作需要计划和组织别人的工作。

（38）你的工作需要敏锐的思考。

（39）你的工作可以使你获得较多的额外收入。比如，常发放实物；常购买打折扣的商品；常发放商品的提货券；有机会购买进口货等。

(40) 在工作中你是不受别人差遣的。

(41) 你的工作结果应该是一种艺术而不是一般的产品。

(42) 在工作中你不必担心会因为所做的事情领导不满意，而受到训斥或经济惩罚。

(43) 在你的工作中能和领导有融洽的关系。

(44) 你可以看见你努力工作的成果。

(45) 在工作中常常要你提出许多新的想法。

(46) 由于工作的关系，经常有许多人来感谢你。

(47) 你的工作成果常常能得到上级、同事或社会的肯定。

(48) 在工作中，你可能做一个负责人；虽然可能只领导很少几个人，你信奉“宁做兵头，不做将尾”的俗语。

(49) 你从事的工作，经常在报刊、电视中被提到，因而在人们的心目中很有地位。

(50) 你的工作有数量可观的夜班费、加班费、保健费或营养费等。

(51) 你的工作比较轻松，精神上也不紧张。

(52) 你的工作需要和影视、戏剧、音乐、美术、文学等艺术打交道。

2. 测评结果说明

本测试将人的职业价值观分为 13 种类型，各类型的基本含义见下表：

职业价值观测评说明

项目	价值观	所属项目	说明
1	利他主义	2，30，36，46	工作的目的和价值，在于直接为大众的幸福和利益尽一份力。
2	美感	7，20，41，52	工作的目的和价值，在于能不断地追求美的东西，得到美感享受。
3	智力刺激	1，23，38，45	工作的目的和价值，在于不断进行智力的操作，动脑思考，学习以及探索新事物，解决新问题。
4	成就感	13，17，44，47	工作的目的和价值，在于不断创新，不断取得成就，不断得到领导与同事的赞扬，或不断实现自己想要做的事。

（续表）

项目	价值观	所属项目	说明
5	独立性	5，15，21，40	工作的目的和价值，在于能充分发挥自己的独立性和主动性，按自己的方式、步调或想法去做，不受他人的干扰。
6	社会地位	6，28，32，49	工作的目的和价值，在于从事的工作在人们的心目中有较高的社会地位，从而使自己得到他人的重视与尊敬。
7	管理	14，24，37，48	工作目的和价值，在于获得对他人或某事物的管理支配权，能指挥和调遣一定范围内的人或事物。
8	经济报酬	3，22，39，50	工作的目的和价值，在于获得优厚的报酬，使自己有足够的财力去获得自己想要的东西，使生活过得较为富足。
9	社会交际	11，18，26，34	工作目的和价值在于能和各种人交往，建立比较广泛的社会联系和关系，甚至能和知名人物结识。
10	安全感	9，16，19，42	不管自己能力怎样，希望有一个安稳的工作，不会因为奖金、加工资、调动工作或领导训斥等经常提心吊胆、心烦意乱。
11	舒适	12，25，35，51	希望能将工作作为一种消遣、休息或享受的形式，追求比较舒适、轻松、自由、优越的工作条件和环境。
12	人际关系	8，27，33，43	希望一起工作的大多数同事和领导人品较好，相处在一起感到愉快、自然，认为这就是很有价值的事，是一种极大的满足。
13	变异性	4，10，29，31	希望工作的内容应该经常变换，使工作和生活显得丰富多彩，不单调、不枯燥。

（资料来源：唐晓林，大学生职业生涯规划与就业指导，北京：中国言实出版社，2006）

（四）确定职业价值观应处理好的几个关系

1. 处理好职业价值观与金钱的关系

金钱是一种成就的报酬，它是在确定职业价值观时首先要面对的问题。有些经济条件不太好的大学毕业生在求职时，将金钱作为首选价值观，从根本上讲这并没有错。但是对于一些人来说，现在拥有的知识、能力、经验和阅历还不足以使其一走上社会就获得大量金钱回报。怀有一夜暴富的心理是不正常的，更是危险的，容易被社会上的不法分子利用，甚至误入歧途。特别是面对严峻的就业形势，更应理性地降低对金钱的期望值，把眼光放远一些，应尽可能地将自我成长和自我实现作为在毕业求职时的首选价值观。

2. 处理好职业价值观与个人兴趣和特长的关系

职业价值观、个人兴趣和特长是人们在择业时需要考虑的最重要的三个因素。在确定价值观时，一定要考虑它是否与自己的兴趣和特长相适应。据调查，如果一个人从事自己不喜欢的工作，有 80% 的人难以在他选择的职业上成功；而如果选择了自己喜欢的工作则可以充分调动人的潜能，获得职业发展的源动力。此外，选择一项自己擅长的工作，也会事半功倍。

3. 处理好职业价值观的排序与取舍的问题

职业价值观的特性决定人们不会只有唯一的职业价值观，人性的本能也会驱使人们希望什么都能得到，但在现实生活中“鱼和熊掌是不可兼得的”。然而在职业选择中，人们却不能理性对待。既然是选择，就要付出代价，只有舍，才能得。所以，要对自己的职业价值观进行排序，找出你认为最重要、次重要的方面，并提醒自己不可能什么都得到。否则就会患得患失，终其一生也不清楚自己到底想要什么，更谈不上职业生涯的成功和对社会的贡献了。

4. 处理好职业价值观中个人与社会的关系

人不能离开社会而独立存在，个人只有在工作中为社会作贡献才能实现自己的职业价值。当然我们并不是说要忽略择业中的个人因素，只去尽社会责任，这样不但不利于个人，也是社会的损失。例如，让一个富于科学创造力、不善言辞的学者去从事普通的教师工作，可能使国家损失一项重大的发明，而社会不过多了一个也许并不出色的老师。因此，我们反对只为个人考虑、毫不考虑国家和社会需要的职业价值观。

5. 处理好淡泊名利与追逐名利的关系

当一个人有了名利才有资格去谈淡泊，没有名利说淡泊那叫“吃不到葡萄说葡萄酸”。

名利是人的欲望使然，欲望可以使人成就大的事业，也可使人自我毁灭。以合理、合法、公正、公平的方式追名逐利在一定程度上对个人对社会都会有益，但它需要一定的度，该知足时则知足，该进取时则进取。

第八章

生涯罗盘

【教学背景】

高尔基说过：一个人追求的目标越高，他的才力就发展得越快，对社会就越有益。一株葡萄藤，如果没有支架，只能匍匐在地，最后不得不和它宝贵的果实一同腐烂掉。一个人，如果没有正确的人生目标，就没有了精神支柱，就会目光短浅，迷失方向，得过且过，不求上进。可见，人生目标对一个人的成才与发展是何等的重要。

现今的学生，极少数对自己的未来有明确的目标和规划并充满信心，大多数人比较迷茫，不知道自己有什么目标，有的学生有目标，但比较抽象，也不清楚如何将目标和自己的实际行动相结合。所以本课题旨在引导学生思考和明确生涯发展的方向和目标，并根据自己的实际情况将大目标分时分段具体量化，从而对未来充满信心，行动也更有方向和更努力。

【教学设计】

教学目标

（1）认识人生目标的确立对成功生涯的重要意义；

（2）了解并学会分析确立人生目标需要考虑的因素；

（3）尝试根据自己的职业理想制定阶梯式的分阶段具体目标和行动计划，分段实现大目标。

教学对象

高中学生

教学准备

（1）学生每人一张 A3 白纸。

（2）轻松愉悦的音乐。

（3）多媒体设施。

教学过程

（一）导入——旅游攻略

教师：老师想利用假期的时间去西藏旅游，俗话说“一人智不如三人计”，在座的同学一定也去过不少地方，老师想请大家帮老师制定一个旅游攻略，看看老师需要考虑哪些问题，做哪些准备，如何安排行程。（教师可以给出一个旅游目的地，也可以请学生推荐，以思维导图的形式在黑板上演绎。）

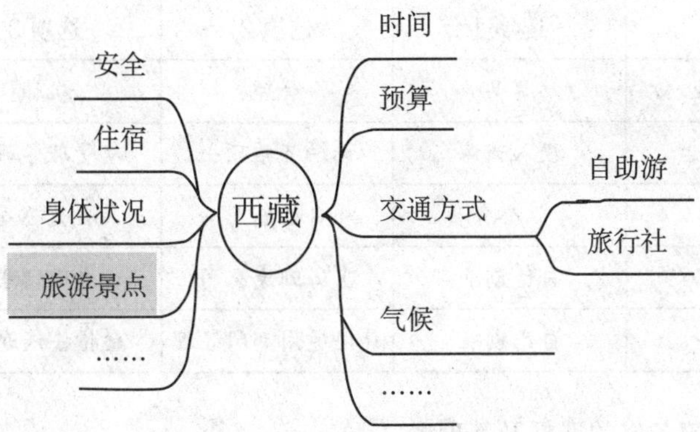

讨论内容：

（1）需要考虑哪些问题；

（2）如何安排行程；

（3）要做哪些准备；

（4）如何获取信息；

（5）用不同颜色表现考虑的先后顺序。

教师：谢谢大家的推荐，这是一份非常好的攻略参考，以后不管去什么地方，我都可以按照这个攻略去安排。（教师可以用照相机或手机把黑板上的攻略图拍下来。）

刚才我们一起完成的这份攻略不仅仅适合旅游，倘若我们把中间的旅游目的地换成我们曾经一起讨论过的“理想职业”，你又会如何完成这份“职业攻略”呢？

（二）主题活动1——不走寻常路

一个小伙子立志做一名优秀的商人，如果你是他，你会怎样选择自己的成功之路？

	选项 1	选项 2	选项 3
大学专业	贸易	管理	机械
大学毕业后	投入商海	读经济学硕士	读管理学硕士
接下来	考取公务员	自己创业	去大公司
5 年后	自己创业	下海到大公司	考取博士
2 年后	自己创业	升任通用部门经理	跳槽去沃尔玛

(1) 学生交流各自的选择及其理由。

(2) 讨论如何将职业规划落实到具体的目标设定中。(可以讲解“教学资源”中山田本一的故事。)

(三)主题活动 2——我的职业攻略

教师给每位学生一张白纸，请学生结合“生涯规划研究报告”完成自己理想职业的攻略图，然后全班交流。

学生可以用思维导图的形式，也可以参考下面的范例。

时 限	目 标	做何准备

【教学反思与建议】

（1）本课的内容比较多，教师可以根据实际情况删减内容或者用两课时来完成，也可以把职业攻略作为课后作业，请学生经过深思熟虑以后完成，并在下一课时让大家充分交流，尤其是有着相同或近似目标的学生，可以看看大家的规划有何不同。

（2）教师可以自己再寻找一些逐级确定目标而成功的范例，让学生对如何设定目标和行动有更清晰具体的认识。

（3）在完成“职业攻略”主题活动前，教师可以参照理论分析的内容，再以自己的职业规划为范例来说明如何逐级确定不同时期的目标、具体内容和达成时限，指导学生如何让目标具体、清晰、可操作。

（4）如果学生暂时不清楚自己的中长期目标也没关系，可以引导他以考什么大学为目标来制定计划，因为本课的一个重点就是让学生尝试如何根据目标来制定分阶段的小目标和行动计划，方法的运用更重要。

【教学资源】

凭智慧战胜对手

1984 年，在东京国际马拉松邀请赛中，名不见经传的日本选手山田本一出人意料地夺得了世界冠军，当记者问他凭什么取得如此惊人的成绩时，他说了这么一句话：“凭智慧战胜对手。”

当时许多人都认为，这个偶然跑在前面的矮个子选手是故弄玄虚。马拉松是体力和耐力的运动，只要身体素质好又有耐性就有望夺冠，爆发力和速度都在其次，说用智慧取胜，确实有点儿勉强。

两年后，在意大利国际马拉松邀请赛上，山田本一又获得了冠军。有记者问他：“上次在你的国家比赛，你获得了世界冠军，这一次远征米兰，又压倒所有的对手取得第一名，你能谈一谈经验吗？”

山田本一性情木讷，不善言谈，回答记者的仍是上次那句让人摸不着头脑的话：“用智慧战胜对手。”这回记者在报纸上没再挖苦他，只是对他所谓的智慧迷惑不解。

十年后，这个谜团终于被解开了，山田本一在他的自传中这么说：“每次比赛之前，我都要乘车把比赛的线路仔细看一遍，并把沿途比较醒目的标志画下来，比如第一个标志是银行，第二个标志是一棵大树，第三个标志是一座红房子，这样一直画到赛程的终点。比赛开始后，我就以百米冲刺的速度奋力向第一个目标冲去，等到达第一个目标，我又以同样的速度向第二个目标冲去。四十几公里的赛程，就被我分解成这么几个小目标轻松地跑完了。起初，我并不懂这样的道理，我把我的目标定在四十几公里处的终点线上，结果我跑到十几公里时就疲惫不堪了，我被前面那段遥远的路程给吓倒了。

心理学家曾做试验验证了山田本一的智慧。

这个心理试验是组织三组人，让他们分别向着 10 公里以外的三个村子进发。

第一组的人既不知道村庄的名字，又不知道路程有多远，只告诉他们跟着向导走就行了。刚走出两三公里，就开始有人叫苦不迭；走到 1 半的时候，有人几乎愤怒了，他们抱怨为什么要走这么远，何时才能走到头，有人甚至坐在路边不愿走了。越往后走，他们的情绪也就越低落。

第二组的人知道村庄的名字和路程有多远，但路边没有里程碑，只能凭经验来估计行程的时间和距离。走到 1 半的时候，大多数人想知道已经走了多远，比较有经验的人说“大概走了一半的路程”。于是，大家又簇拥着继续向前走。当走到全程的四分之三的时候，大家情绪开始低落，觉得疲惫不堪，而路程似乎还有很长。当有人说：“快到了！”大家又振作起来，加快了行进的步伐。

第三组的人不仅知道村子的名字、路程，而且公路旁每一公里就有一块里程碑。人们边走边看里程碑，每缩短一公里大家便有一小阵的快乐。行进中他们用歌声和笑声来消除疲劳，情绪一直很高涨，所以很快就到达了目的地。

心理学家得出了这样的结论：当人们的行动有了明确目标，并能把自己的行动与目标不断地加以对照，进而清楚地知道自己的行进速度和与目标之间的距离，人们行动的动机就会得到维持和加强，就会自觉地克服一切困难，努力达到目标。

确实，要达到目标，就要像上楼梯一样，一步一个台阶，把大目标分解为多个易于达到的小目标，脚踏实地向前迈进。每前进一步，达到一个小目标，就会体验到“成功的喜悦”，这种“感觉”将推动他充分调动自己的潜能去达到下一个目标。

在生活中，之所以很多人做事会半途而废，往往不是因为难度较大，而是觉得距成功太遥远。他们不是因失败而放弃，而是因心中无明确而具体的目标乃至倦怠而失败。如果我们懂得分解自己的目标，一步一个脚印地向前走，你会发现成功就在眼前。

第九章

彩绘梦想

【教学背景】

心理学家马斯洛说过："我们每个人内心都有个声音，试图指出我们生命应依循的方向，如果我们因为软弱、眼前的利益，或为了其他原因不去倾听，我们就会悲惨而空虚。"

梦想和对成功的追求往往更是激励我们前进的动力。

相比儿时梦想的可爱和不着边际，高中阶段学生的梦想更具有现实引导意义。因为高中阶段梦想的激发和对成功的理性思考，加上对现实环境的一些了解以及必然会受到的一些冲击，往往会导致学生在这个时候走上不同的极端，要么极端理想主义，要么还没有进入社会却似乎已看透社会的一些现实因素。这个时候让学生通过各种途径充分表达曾经有过的憧憬、思考以及可能的冲击，然后进行理性整合和心理老师适当的专业引导，往往会帮助学生更认真思考将来想成为的人，希望从事的职业，以及眼前的学业任务。

本课设计通过击掌数数的统计和个案学历的猜测，激发学生的自信和对成功要素的思考，接下来通过各种途径对成功进行有创意的描绘，在此基础上，通过阅读一些材料，整理对成功的理性认识，激发踏实学习的动力。

【教学设计】

教学目标

（1）了解职业成功需要各种因素，目标、努力、信心、兴趣等，学历并不起决定性作用。

（2）通过描绘和呈现成果引导学生对于成功和梦想的理性思考。

（3）增进学生的信心，只要努力，未来就可以很精彩。

教学对象

高中一年级

教学准备

（1）学生：按小组讨论然后分工准备“成功”的模型。

（2）教师：不同学历职业人个案的采访；贴板、学历图片；一颗积极而热忱的心；学生拍手统计表：

姓名	估计拍巴掌数	实际拍巴掌数	对比结果
如A	30	60	+30

教学过程

（一）热身活动——20 秒钟能拍多少下巴掌？

提问学生：尽可能快地拍巴掌，请问你 20 秒钟能拍多少下？

抽样了解一些学生答案，然后让学生直接实践，要求学生尽可能快地拍巴掌，并请自己计数。根据下面的对比结果，请学生分享感受。

根据笔者的经验，大部分学生的答案往往估计保守，实践下来往往会超出估计很多。我们总以为目标这么高，路还那么远，成功那么难，但真的如此么？也许成功没有那么难。

成功并不像你想象的那么难

1965 年，一位韩国学生到剑桥大学主修心理学。在喝下午茶的时候，他常到学校的咖啡厅或茶座听一些成功人士聊天。这些成功人士包括诺贝尔奖获得者，某些领域的学术权威和一些创造了经济神话的人。这些人幽默风趣，举重若轻，把自己的成功都看得非常自然和顺理成章。他发现，在国内时，他被一些成功人士欺骗了。那些人为了让正在创业的人知难而退，普遍把自己创业的艰辛夸大了。也就是说，他们在用自己的成功经历吓唬那些还没有取得成功的人。

作为心理系的学生，他认为很有必要对韩国成功人士的心态加以研究。1970 年，他把《成功并不像你想象的那么难》作为毕业论文，提交给现代经济心理学的创始人威尔 · 布雷登教授。布雷登教授读后，大为惊喜，他认为这是个新发现，这种现象虽然在东方甚至在世界各地普遍存在，但此前还没有一个人大胆地提出来并加以研究。惊喜之余，他写信给他的剑桥校友——当时韩国政坛第一把交椅朴正熙。他在信中说，“我不敢说这部著作对你有多大的帮助，但我敢肯定它比你的任何一个政令都能产生震动。”

后来这本书果然伴随着韩国的经济起飞了。这本书鼓舞了许多人，因为他们从一个新的角度告诉人们，成功和生命价值的实现与“劳其筋骨，饿其体肤”“三更灯火五更鸡”“头悬梁，锥刺股”没有必然的联系。只要你对某一事业感兴趣，长久地坚持下去就会成功，而生命的价值也就在这个成功的过程中展现。

后来，这位青年也获得了成功，他成了韩国泛业汽车公司的总裁。

只要一个人还在朴实而饶有兴趣地生活着、工作着，并在这个过程中寻找并创造一种有意义的生活方式，生命的价值就在这个努力的过程中得以展现。

（二）猜学历——成功的要素

让学生阅读隐去最初学历和现在学历的下表中的个案资料，允许学生进行一些信息的提问，然后通过小组讨论的方式来猜一猜资料中的个案，当初参加工作的学历是什么？现在的学历是什么？给大家 3 分钟的时间讨论做出决定，然后为他们贴上相应的毕业学历图片。看哪个小组又快又准。

个案资料（学生拿到的资料隐去了学历和毕业学校）

代码	性别	出生年份	职业	收入（年薪）	最初学历	现在学历
A	男	1972	广告公司老板	约 50 万	大专	大专
B	女	1972	私人企业会计	约 6 万	大专	大专
C	男	1973	上海东方航空报社书记、副总编	约 40 万	中专	研究生
D	男	1980	生物制品研究所工段长	约 6 万	中专	本科
E	男	1984	花旗银行投资咨询初级经理	约 40 万	高中	本科
F	女	1977	某外资企业技术初级经理	约 15 万	研究生	研究生
G	男	1975	私人老板（办公家具）	约 20 万	大专	大专
H	女	1981	上海东方广播电台节目编辑	约 10 万	中专	本科

（续表）

I	女	1976	民办进修学校校长	约 50 万	中专	中专
J	女	1978	心理咨询师 职业培训师	3.5 万	本科	本科

引导学生思考讨论：

（1）实际情况宣布时，与你猜测的答案进行对比下来，你的感受和想法？

（2）最初的学历与将来的职业发展有什么关系？

（3）职业生涯发展成功和学历的关系？

（4）职业生涯发展成功的要素有哪些？

（5）通过这个活动你们有怎样的启发？

（三）彩绘成功

一个人的职业发展，最初的学历的确重要，但是并不起决定作用，如果努力，每个人的未来都可以很精彩。那么，决定一个人职业发展成功的要素有哪些呢？你心目中的成功是怎样的？

有三个人和许多人一起参加马拉松比赛，但第一名的获得者是他们之外的第四个人，那这三个人是不是失败了呢？如果不是，他们也获得了成功，你认为他们获得了怎样的成功？

有人说，成功就是一棵树（见下图），种子是正确地认识自我，树根是不断学习，树干是坚强的意志力，树枝是良好的人际关系，果实是目标，阳光代表对环境的适应，雨露是抓住机遇。

现在请用你能想到的方法描绘你认为的成功：

你可以通过讲一个故事告诉别人你对成功的理解；

你可以画一幅画彩绘你认为的成功；

你可以通过介绍一个你欣赏的成功榜样来说明你对成功的理解；

你可以用一只笔来描绘你认为的成功；

你还可以搭积木，唱歌，拼图，剪纸……

现在你想好了吗？

成功的定义：______________________________

____

你对成功的描绘：

（四）总结

20秒之内可以拍多少下巴掌，不试我们又如何知道？我们将来的职业到底会多成功，不去梦想，不去努力，我们又怎样知道？

希望同学们把职业成功的梦想刻进心里、握在手掌、行在脚下。

【教学反思】

相对于很多的课程，本课的设计似乎显得空了一些，大了一些，远了一些。很多听了心理学课程的老师都会对心理课有比较相似的评价：心理课很活跃，学生参与度很高，但是感觉太感性也有点儿空。其实笔者对于这样的评价往往不那么接受。心理学讨论的问题往往很不接近生活，看起来也许空，却会直接影响我们的选择、生命质量，甚至每一刻的表情。同样在完成数学题目，一个觉得是为了考试成绩好一些进行练习的人，和一个觉得是为了实现梦想而进行训练的人，首先是表情不一样，然后是答题质量不同，最后是对人的熏陶不同。设计这堂课的目的是希望我们的孩子晒晒自己的梦想和酣畅淋漓地表达自己对成功的理解。

实际上课的时候还是会经历一次次冲击。第一种冲击是教师自身的状态，教师工作的现状通常很难使我们体验成功的感觉，这个时候我们的消极被动往往就可能会影响到学生，如果没有灵魂震撼灵魂，讨论就真的会味同嚼蜡。

第二种冲击来自于学生的状态。沉重的学业压力，不停的分数排名，看不到为什么学习的迷茫，让他们在难得轻松的心理课上会只想简单地放松，不想思考，不想“被行动”，最好就是在乐呵乐呵中缓解学业的压力。这个时候探讨梦想啊成功啊，虽然显得有意义，但是却碰到了可能处于屏蔽状态的学生。

尽管如此，笔者的思考面对强大的现实，我们仍然可以坚持去思考梦想和成功，因为这才是我们一直努力坚持，突然抬头时会一直照亮我们灵魂的东西。

【教学建议】

(1) 热身活动与课题相连有较大的启发，但是一定要新颖，如果用过了或用得多了，可以换成其他的热身活动，关键在于调动学生的热情。

(2) 请学生猜学历的个案年龄相近比较重要，可以打破常规呈现个案，关键在于现实的教育意义。

(3) 学生描述成功的要素时很容易说一些抽象的词，可以要求学生进行一定的解释，澄清观点。也许会发现很多富有哲理的观点，对于这样的闪光点可以重复并褒奖。

(4) 关于马拉松比赛的讨论，关键在于成功的标准是什么？如果每个选手的目标不一样，就无法用有没有拿到第一名来判断他们是失败还是成功。这里学生可能给出很多种答案，教师需要有比较充分的准备和应变能力，最后需要请学生思考什么是他们心目中认为的成功。

(5) 学生可能能想到很多对成功的描绘方式，所以可以在课前就布置好这样的任务，然后要求他们在课堂中表现出来。有的学生可能会对这个题目一片茫然，教师可以适当介绍一些方式，比如：

① 去做一项调查，通过调查结果来总结自己对成功的理解；

② 拼一副图；

③ 画一副图；

④ 讲一个故事；

……

(6) 对成功的理解有多种，并没有一定的标准。但是社会总是会有约定俗成的所谓成功和所谓失败，所以教师可以结合理论分析中的一些观点或自己对成功的理解，对学生做适当的引导，激发学生对成功的追求。

【教学资料】

成功不在于你拥有什么，分享是一种成就

“从上海到伦敦怎么去才好玩？”这是上海一家电器公司的有奖征答题目。特等奖是四十吋彩色电视机。参与这个活动的情况异常热烈，书信有如雪片一般地飞来。竞逐者来自全国各地,其中不乏教授、大学生、上班族甚至家庭主妇等，答案是无所不包，创意是无奇不有。决选的结果出乎意料；由一个小学生雀屏中选。他的答案很简单：“跟好朋友一起去最好玩。”

的确，诚如评审给予一致的评价：分享的快乐，远胜过独自的拥有。

成功不在于你赢过多少人，而是你帮过多少人

瑞典有一个这样的人。

他在读小学的时候，成绩一直名列班上的第二名，第一名总是由一个名为柏济的同学所获得。有一次，柏济意外地生了一场大病，无法上学而请了长假。有人私下为他感到高兴说：“柏济生病了，以后的第一名就非你莫属了！”他并不因此而沾沾自喜，反而将其在校所学的，做成完整的笔记，寄给因病无法上学的柏济。到了学期末了，柏济的成绩还是维持第一名，他则依旧名列第二名。

他长大之后，成为一个卓越的化学家，最后更发明了火药而成为巨富。他死后，将他所有的财产全部捐出，设立了知名的诺贝尔奖。每年用这个基金的利息，奖励在国际上对于物理、化学、生理、医学、文学、经济及致力于人类和平有所贡献的人。

这个人就是诺贝尔。

因为诺贝尔的开阔心胸与乐于分享的伟大情操，他不但创造了伟大的事业，也留下了后人对他的永远怀念与追思。最后在历史上，大家都认识考第二名的诺贝尔，但鲜少人知道永远考试第一名的柏济啊！从诺贝尔的故事中，我们获得一个深沉的感受，诺贝尔的成功，绝非只靠他的聪明才智而已，更重要的是他的心胸气度与分享的态度。

成功在于了解可运用的资源，去发展良好的关系，最后整合发挥

人猿“泰山”为什么被称为森林之王呢？论力气，它比不过大象；比速度，它比不过狮子与老虎；比灵敏，猴子有过之而无不及。

“泰山”之所以在森林称王，不是依赖武力与体力，他靠的是关系！他和每种动物交朋友，关心他们也照顾他们，所以大家都喜欢他。所以当“泰山”有急难时，大叫一声：“喔耶喔！”每只动物都会出来，都乐意帮忙他。

“泰山”的丛林法则，其实也可以运用到现实的社会中，我们可以发现，真正成功的人，绝不只靠自身的实力，其实他更懂得整合人际资源，进而创造更多价值。我们能够去了解可运用的资源，去发展良好的关系。一旦整合发挥，人人都会叫你第一名哦！

成功就是欣赏生命沿途的风景

生命的意义就在于成长，脱离了成长的意志，生命也就成了废物。

成功就像攀登一座永远也到不了顶峰的高山，既然永远也没有顶峰，我们就应该边攀登边欣赏沿途的风景。如果只是埋头攀登，一心只想到达最高点，那就很可能错过了沿途的风景。何况如果你一生都到不了你所预定的顶峰的话，你又没有去享受风景，那这一生不就毁了吗？当然如果你只是贪恋现时的风景而放弃了继续攀登的努力，那你也就永远站不到更高处，欣赏不到更辽阔的风景。

所以人生要永远努力向上攀登，但在攀登的同时，也要及时欣赏风景。这就是人生前进与享受的辩证法。

对于我们每一个人来说，最真实意义上的成功，就是快快乐乐地生活，充分地展现自己，让一生过得充实而快乐。而一个人只要能踏实、认真、充实、快乐地度过一生，这样的人就是一个伟人！

人的一生是非常短暂的，只要我们能用心地生活，快乐地生活，安享上帝所赋予我们的一生，尽到了我们做人的责任，那就是成功。

愿望是一半的成功

一个人在高山之巅的鹰巢里，抓到了一只幼鹰。他把幼鹰带回家，养在鸡笼里。这只幼鹰和鸡一起啄食、嬉闹和休息。它以为自己是一只鸡。这只鹰渐渐长大，羽翼丰满了，主人想把它训练成猎鹰，可是由于终日和鸡混在一起，它已经变得和鸡完全一样，根本没有飞的愿望了。主人试了各种办法，都毫无效果，最后把它带到山顶上，一把将它扔了出去。这只鹰像块石头似的，直掉下去，慌乱之中它拼命地扑打翅膀，就这样，它终于飞了起来！

有成功心态者处处都能发觉成功的力量

雨后，一只蜘蛛艰难地向墙上已经支离破碎的网爬去，由于墙壁潮湿，它爬到一定的高度，就会掉下来，它一次次地向上爬，一次次地又掉下来…… 第一个人看到了，他叹了一口气，自言自语："我的一生不正如这只蜘蛛吗？忙忙碌碌而无所得。"于是，他日渐消沉。第二个人看到了，他说：这只蜘蛛真愚蠢，为什么不从旁边干燥的地方绕一下爬上去？我以后可不能像它那样愚蠢。于是，他变得聪明起来。第三个人看到了，他立刻被蜘蛛屡败屡战的精神感动了。于是，他变得坚强起来。

成功者善于放弃，善于从损失中看到价值

《让失去变得可爱》一个老人在高速行驶的火车上，不小心把刚买的新鞋从窗口掉了一只，周围的人备感惋惜，不料老人立即把第二只鞋也从窗口扔了下去。这举动更让人大吃一惊。老人解释说："这一只鞋无论多么昂贵，对我而言已经没有用了，如果有谁能捡到一双鞋子，说不定他还能穿呢！"

成功就是失败旁边的窗户

一个小女孩趴在窗台上，看窗外的人正埋葬她心爱的小狗，不禁泪流满面，悲恸不已。她的外祖父见状，连忙引她到另一个窗口，让她欣赏他的玫瑰花园。果然小女孩的心情顿时明朗。老人托起外孙女的下巴说："孩子，你开错了窗户。"

成功需要记住：你跑得快，别人跑得更快

每天，当太阳升起来的时候，非洲大草原上的动物们就开始奔跑了。狮子妈妈在教育自己的孩子："孩子，你必须跑得再快一点儿，再快一点儿，你要是跑不过最慢的羚羊，你就会活活地饿死。"在另外一个场地上，羚羊妈妈也在教育自己的孩子："孩子，你必须跑得再快一点儿，再快一点儿，如果你不能比跑得最快的狮子还要快，那你就肯定会被他们吃掉。"

第十章

举棋之间

【教学背景】

行使选择的自由是我们所认为的最为人性化的事情。决策是不可避免的，即使是选择不做决定也是一种决策。我们每天都要做几百个决策，其中大部分都是自动化的或者靠直觉做出来的，几乎不需要进行思索。一个决策越是重要，其难度也就越大。而职业生涯决策正是人一生中都会面临的最为艰难的决策之一。

可我们真的能自由地选择自己的职业吗？这里有很多疑问。一种回答是“是的”，我们能用逻辑与理性来决定自己的生活。这种论点叫做职业决策的理性系统论。我们收集尽可能多的关于自己和感兴趣工作的信息、知识，而后综合分析，从而选定一个职业。

另一个答案却是“不”——选职业时我们并不像自己以为的那样自由。我们会受到不可控外力的影响。这可以称为社会文化决定论。它强调我们无法控制的社会文化环境，这包括家庭背景、父母收入水平、父母的职业和教育水平、我们生长的环境、我们的种族、性别、年龄，等等。根据这种理论，我们所做的工作是由上述这些因素决定的。与其说是我们选择了工作，还不如说是工作选择了我们。这种理论的一大问题是它完全否认了人们选择的自由。

职业选择的第三种观点是偶然论。世界如此复杂，何必强求对它的理解？随遇而安地生活反倒更好。塞翁的马丢了，邻居们对其厄运表示同情时，塞翁说，不一定吧。隔日，丢失的马带着六匹野马回来，邻人纷纷表示祝贺。塞翁却说，不一定吧。塞翁之子想骑一匹野马，摔断了腿，邻居们深表同情，塞翁又说，不一定吧。又过了一日，地方官来到村庄强征年轻人入伍，只有塞翁的儿子因腿断得以保全。当邻居感叹塞翁的好运时，他（很自然地）说，不一定吧。有时，生活恰恰验证了偶然论的观点。甚至有一种“计划的偶然性”理论认为，个体可以运用好奇心、坚持性、灵活性、乐观主义和风险承担等技能，从不可预测的事所提供的机会中受益（Mitchell，Levin 和 Krumboltz，1999）。完全领先机会和运气涉及巨大风险，但是非计划性事件在生活中是经常发生的，而且，事故也曾导致了巨大的发现。

综合上面三个观点，不难发现我们一方面要用理性的、系统的方法选择职业，另一方面也要考虑到承认社会因素的重要性以及运气、环境的影响。

高中三年要经历的选择不计其数，而最牵动人心的选择是选科和高考志愿的填写，当然还有是否出国的选择，参加什么课外辅导班以及社团活动的选择，等等。这些都对学生的职业生涯发展有着很重要的影响。

本课的设计从了解心理学关于决策的相关研究开始，通过测评了解自己的决策风格，引导学生如何应对决策中的压力。通过决策矩阵的了解和练习，帮助学生学会理智而系统的决策方式，并将学到的方法用到高中阶段的重要决策上去，比如文理科选择、专业选择、大学选择，等等。

【教学设计】

教学目标

（1）了解决策分类、过程、决策类型以及决策的关键要素。

（2）了解自身的决策风格，学习应对决策压力的各种方法。

（3）帮助进行选科、填写志愿等方面的决策，并引导学生思考决策的自由来自于全面而理性的分析和认识。

教学对象

高中学生

教学准备

（1）了解学生在现阶段主要会遇到的决策和可能会带来的困扰。

（2）根据学生实际需要调整决策矩阵表格并印制出来。

教学过程

（一）决策无处不在

一帮朋友决定凑一些钱作为共同资金，来买足球博彩（其实这个跟赌博无异）。每轮比赛前他们都分别写出下赌注的意见，然后集中商讨，做出全组决定。在每轮博彩时，最慎重的决定是不下任何赌注，较为冒险的决定是在最有可能获胜的球队上押上少量的赌注，非常冒险的决定是在不太可能获胜的球队上押上大量的赌注。与个人意见的平均情况相比，全组的决定可能：

a. 更慎重

b. 更冒险

c. 既不更慎重也不更冒险

✤ 答案：与个人意见的平均情况相比，全组的决定可能 b 更冒险。

1. 团体决策和个人决策

关于决策，可以从很多角度来分析，从参与人的角度分为团体决策和个人决策。根据上面的测试，社会心理学的研究发现，团体决策往往可能更冒险，更难作出决定，但是可以综合很多必要的信息。职业生涯的发展往往是关于你自己的个人决策。

2. 决策者的类型

根据决策者的果断程度，又可以分成几种类型：非常果断型，比较果断型，果断而不稳定型，尝试而不果断型，发展性而不果断型和长期性犹豫不决型。

3. 决策的重要性

一个决策越是重要，其难度也就越大。很多时候我们在进行决策的时候往往停留在选项的分析，比如这两种菜选择点哪个菜，我们往往是想着哪个更好吃更划算，却忽略了吃什么菜的决策最关键是回归到自己身上，你的身体现在需要吃什么，你喜欢吃什么。再比如两个专业的选择，我们往往去分析哪个专业更热门，哪个专业更能找到好工作，却忽略了做出专业选择的这个人，我适合什么专业，我喜欢什么专业，我认为这个决策对我人生有怎样的重要意义等。

4. 如何看各种决策的重要性

通常，一个决定对你来说越重要，决策也就越困难。挑选一双鞋要比挑选一个职业或决定是否改换职业容易。可见，决策是不可避免、不断发生而往往显得困难的人类活动。

为了便于你理解不同决策的相对重要性，请根据你所认为的重要程度对下面的决策评出等级。运用如下等级：

0 = 决定不在你的控制之下，它是由他人或环境所决定的。

1 = 决定是无意识或常规性的；你对它从不多加思索，已经形成习惯。

2 = 你偶尔会在选择之前思考一下如何决策。

3 = 你会对这个决定加以考虑，但不会对它做什么研究或调查。

4 = 你会对这个决定做一点儿研究；在选择之前，你会进行思考并征求其他人的意见。

5 = 你会对这个决定进行大量的思考和研究；在选择之前，你会问一些有关的问题并阅读一些相关材料。

在下面空白处，请写下数字（0-5）来表示每种决定的相对重要性。

____1. 早晨起床
____2. 上学穿什么衣服
____3. 吃什么食物
____4. 说真话
____5. 喝啤酒还是白酒
____6. 找一份暑期工
____7. 读什么书
____8. 红灯亮时停下
____9. 信仰什么宗教
____10. 看哪部电影
____11. 跟谁交往
____12. 投谁的选票
____13. 到哪儿度假
____14. 超速驾车
____15. 看哪部电视剧
____16. 批评某个朋友
____17. 挑选专业
____18. 把用过的废纸弃置何处
____19. 到哪儿上大学
____20. 与父母争执
____21. 选择自己的职业或事业
____22. 接受一件责任重大的事情

（二）决策策略

由于大部分决定都是在有一定程度的风险和不确定的情况下做出的，人们因此发展出了各种不同的选择策略，即根据你的价值观、能力、所搜集的有关备选职业的资料以及所涉及的风险进行决策的方法。

1. 不同决策的意思

请回答下面的问题，看看在下述三种情境中你会采取什么行动。

(1) 情境一：假设你在观看赛马，有 100 美元可以用来在最后一局中赌一把。只有 3 匹马进入了决赛，你必须在其中挑选出最后的获胜者。如果你所押的马没有取胜，那你就会丢掉这 100 美元。你会如何选择？

A. 以 100:1 的赔率押“老灰”胜 。赢了就能得到 10,000 美元；

B. 以 21 :1 的赔率押“魔鬼旋风”胜 。赢了得 200 美元；

C. 你决定不参加赌马比赛，留着那 100 美元；

D. 以 4:1 的赔率押“黑美人”胜。赢了得 400 美元。

（2）情境二：假设你有 1,000 美元，可以投资 3 只股票中的一只。如果买的话，最有可能买哪一只？

A. 这只股票红利很高，但行情很不稳定，因此你损失投资的风险很大；

B. 这只股票的红利不高，但你不大可能会有什么损失；

C. 你决定不将自己的钱投资在任何股票上，因为你害怕会有损失；

D. 另一只股票所付的红利为中等水平，比选择 A 要可靠一些，但比选择 B 的可怕性又高一些。

（3）情境三：在职业选择上你寻求高收入和成功，假设现在有三份工作机会，你会选择哪一个？

A. 这份工作为你提供了极好的赚大钱的机会，但你在这份工作中取得成功的机会微乎其微；

B. 这份工作的收入适中，但你极有可能在其中取得成功；

C. 你决定不在这份工作中进行挑选，指望自己能找到另一份报酬不错、失败风险又小的工作；

D. 这份工作报酬大体上普普通通，有一些机会能赢得较多的收入；你成功的可能性也比较大。

在以上这三种情境中，选择 A 都代表了“一厢情愿”型的策略，B 代表了“安全保险”型的策略，C 代表了“逃避”型的策略，而 D 则代表了“综合”型的策略。对这几种策略的描述如下：

（1）“一厢情愿”型的策略让你选择最能满足自己愿望的那种选择。此时风险和可能性都被忽略了。你挑选了最合乎心意的结果而不考虑要付出的代价或失败的可能性。这种策略很容易实行。你只要列出一个可供选择的清单然后挑出你喜欢的那一种就行了。在赛马中，你会挑选赌本回报率最高的那一只。假如你很在意赚钱，“一厢情愿”型的策略会使你选择红利最高的那只股票或是收入最高的那份工作。但要注意，风险和成功的机会到底有多大在这里都被忽略了。

(2) “安全保险”型的策略会建议你选择最有可能成功的路线。你必须要估计自己在各种选择中成功的可能性，这样，你才能挑选出成功概率最大的那种。在赛马中，你会挑选最被看好的那一匹马押注。最不会让你损失金钱的那种股票和你最有把握保住的那份工作都是最安全保险的选择。

(3) “逃避”型策略让你选择避免最坏的结果。你试图通过预测各种选择的后果并判断最坏的结果是什么来避免灾祸和不幸。如果损失金钱是最坏的可能，那你就不会在赛马上押任何钱，也不会投资于任何股票。在挑选工作时，拖延（逃避做决定）也是逃避的一种机制。逃避和拖延在某些情况下也可以是理智的策略——比如，没有其他可以忍受的或能得到回报的选择。

(4) “综合”型策略要求你把“一厢情愿”型和“安全保险”型策略综合在一起，来挑选出一种既有最合乎心意的结果又最有可能成功的选择。由于在你的选择中体现了你的价值观和它们成功的可能性，因此你最初的目标会有所改动。“综合型”策略是最合乎逻辑的一种策略，但也是最难实行的一种。它要求你了解自己的价值观和能力，衡量自己在各种选择中成功的机会，预测可能的后果，明确陈述自己的目标，并按各种选择的理想程度对其进行排列或指定各种选择的相对重要性。虽然“综合”型策略有其难度，但使用这种策略最有希望做出有效的决策，个人也最有可能对结果感到满意。

2. 决策中的压力应对模式

毫无疑问，人们在必须做出一个重大决定时心理上会感知压力，内心会感到矛盾。不管你到底做出了什么样的选择，当你想到一个重要的抉择所牵涉到的投入、花费和风险时，是如何处理内心升起的压力的呢？贾尼斯和曼恩（Janis and Mann，1977）提出，人们在需要做出决策时，有 5 种应对风格：

（1）不管有什么风险或是负面反馈都死抱着某个选择不放：无冲突地坚持（unconflicted adherence）是一种不管发生什么情况都坚持某种已经作出的职业选择的决策模式。这样的人坚持待在原有的行动路线上，哪怕有警告说这样做很危险。这种方式就相当于在说："我已经打定主意了，别再用什么事实来打扰我。"这种类型的决策者拒绝承认自己选定的职业有任何风险，总的来说，对职业决策表现出较低的压力和焦虑水平。

（2）不假思索地迅速改变目标：无冲突地变化（unconfliced change）是一种经常不断地改变职业目标而对这些方向性的变更不多加考虑的类型。这样的人在一段时间内会被某种职业吸引，但很快又转向另一种职业，接着是第三种，如此不断地持续下去。他们对可行的选择没有进行过详细的调查，对获得的信息也没有进行充分的处理。就像无冲突地坚持一个已有决定的人那样，"无冲突地变化"的人也常常表现出漠不关心的态度和较低的压力及焦虑水平。

（3）逃避责任：防御性的逃避（defensive avoidance）者回避对决策进行任何认真的讨论，而且还否认有任何问题存在。否认有助于这样的人减少由于知道必须做出决定而引起的内心冲突。通过拖延，将责任转嫁到别人头上或夸大某种选择的积极方面而缩小其负面后果以支持这种选择等方式。由于采取任何行动都会有风险，这种人很容易说服自己什么都不做，因为找不到什么好的解决办法。

（4）一再拖延，直到截止日期临近时才在极大的压力下做出某种决定：过度警惕（hypervigilance）这个词被贾尼斯和曼恩用来描述这样一种状态：由于需要做出决定而感到不知所措，却又没什么时间来从多种可行性方案中进行选择，因而感到压力很大。这样的人如果没能做出决策，可能会面临重大损失的威胁。随着决策截止日期的日益临近，高度的压力和焦虑水平会导致恐慌。这类人的思考能力几乎陷于瘫痪，不大可能做出什么有效的决定。

（5）以机敏审慎的态度、在掌握情况和进行了敏锐观察的情况下做出有效的决策：警惕（vigilant）这个词被贾尼斯和曼恩用来表示最为有效的一种决策方式。一个警惕的决策者专心致志、随时留意、观察力敏锐、头脑开放、反应敏捷、灵活、真诚、投入、细致而谨慎。一位警惕的决策者会：

- 找出多种可能的职业选择，并对它们进行认真探索。
- 投入地收集并研究各种需要认真考虑的职业信息，并审查自己与这些职业相关的个人目标及价值观。
- 对每一种职业前景的代价、风险、正面和负面的后果都进行仔细的评估。
- 搜集新的信息，以便进一步评估每种选择。
- 听取并考虑新的信息或专家意见，哪怕它们并不支持自己所倾向的职业选择。
- 在做最后的职业选择前，重新审视余下所有选择的正负两方面后果。

选定职业后，就为实施这一选择制定详细的计划，并在首要选择涉及太大风险时有备用的计划。

（三）文科向左，理科向右

你在选科的时候碰到的问题是什么？把它写在老师准备好的纸条上。由老师收齐打乱再随机发到你们手中。请当一次小咨询师，为你拿到的纸条上的问题解惑。然后在老师的指导下把纸条还给提问的同学，并评出若干金点子。

我在选科问题上碰到的烦恼： 烦恼的 ×××
你给我的建议 ×××

文科还是理科 Q & A

问题 1

我是一个面临分科的高一学生，我的各科发展都比较均衡，我喜欢的学科是历史、物理和化学，这在学生中并不多见，所以我选择分科和选择专业都非常苦恼。

专家解惑

你面临的问题的确是很多高一学生的困惑，其实去理科班还是去文科班还是要根据自己的情况，综合家长和老师的意见进行分析，如果举棋不定，相信自己的直觉往往是正确的。现在社会上新的交叉学科很多，文理均衡其实是好事，真正到了大学以后，你会发现你的苦恼其实是你的优势。大学的学科有很多文理汇通的地方，就比如历史和化学，这两个看似不沾边儿的学科，也有交叉的地方。北京大学、中央民族大学、郑州大学等都开设有科技考古和文物鉴定与保护方面的专业，他们都是招收对历史有兴趣的理科考生，如果你确实对自己的爱好不愿意放弃任何一个的话，也可以考虑进理科班选择这样的交叉专业。

问题 2

我马上面临高考了，当初我是为了妈妈的意愿才选择理科的。她分析我的理科比文科的成绩略有优势，而且听说大学毕业后学理工找工作更有胜算，可是我真正感兴趣的是法律和经济，这让我非常苦恼。因为想到以后将从事的理工科类专业与自己的爱好相违背，所以学习起来也提不起兴趣。

专家解惑

你为什么感觉你自己的爱好与文科、理科分类相违背呢？其实最主要的问题还是在于你自己，因为你在认识上有一个误区。学生在报名参加高考时，一般分为理工类、文史类、外语类、体育类、艺术类。这种分类方法是为了编制考题而分的，不是从专业的内涵而分。因此很多考生在选择专业的时候，就想当然地认为，文科考生就只能填报文史哲和经济类的院校和专业，而理科考生只能报考理工类和医学类的院校和专业。这个观念是错误的。

如今高校多为综合性大学，理工大学也设置有文史类专业，传统的文史类高校也有理工类专业，人民大学还新设了化学系呢。还有许多专业具有两重功能，既招文科考生，也招理科考生，这就是人们常说的“文理兼收”。

问题3

如果以后我选择进文科班的话，填报这样文理兼收的专业应该具备什么样的条件呢？

专家解惑

首要的一点就是文理学科发展比较均衡，理科的功底要比较扎实。我以前遇到过一个学生，高二分文理科时就很犹豫了一阵子，因为他文理各科成绩差不多，虽然最终选择学文科，但是他理想的目标是南京大学的经济学专业。这个专业文理兼收，要求考生数学成绩要好。数学本来是这个考生的强项，高考总成绩又在点线以上，所以顺利录取。

每年许多院校都有文理兼收的专业，比如有苏州大学、天津中医学院、长春理工大学、吉林农业大学、南阳师范学院等设置的应用心理学专业文理兼收；河南中医学院、泸州医学院、成都中医大学等设置的中西医临床医学专业文理兼收；甚至软件工程、护理学、建筑学、中医学、统计学等专业文科生都可以报考，只要你喜欢，文科生完全可以实现自己的“理科梦”。

问题4

难道理工科类的学生就注定和冰冷枯燥的计算机、自动化工程、机械工程等专业挂钩吗？

专家解惑

理科生如果想要报考文科性质的专业，一般有三个方向：

一是报考管理类专业。诸如资源环境与城乡规划管理、土地资源管理、信用管理、房地产经营管理、信息资源管理、物流管理、农林经济管理、工程管理等专业。

二是报考法学类和语言类专业。西南交通大学有一个工程经济法方向的法学专业，很多医科大学如广州中医药大学都开设有医药方向的英语专业，还有许多院校法学专业、英语专业以及小语种专业都招收理科生。

三是可以报考经济类和传媒类专业。譬如金融学、财政学、国际经济与贸易、金融与证券、会计学、经济学以及新闻学、编辑出版学、军事新闻等。

【教学反思】

决策是直觉性的还是理智性的？很多时候我们分析了很久的决定却发现离自己的内心却越来越远，所以很多人都会说，分析来分析去，还不如跟着心的声音走。

但是有没有在直觉和理性之间找到一种均衡和综合的决策方式？笔者在跟踪很多人做职业决策过程中表现出来的情况分析发现，这种决策方式不仅是有的，而且也是我们可以习得的。

决定的质量取决于我们所拥有的信息质量和你判断的智慧。决策矩阵帮我们辨识职业选择，搜集有关的信息，探索自己的价值观和技能并将它们排列起来，从而将你的决定建立在一个坚实的信息汇集的基础上。运用信息是理智的，进行价值判断的时候往往也用到了直觉。

【教学建议】

参考活动步骤

（1）为每个学生各准备一张作业本大小的纸。

（2）请学生完成“自己烦恼”的填写。

（3）收上来以后打乱，随机发给学生各一张纸，保证这个时候学生拿到的肯定不是自己的纸，然后请学生进行解疑。

（4）如果可以当场完成最好，如果需要也可以给学生一个礼拜的时间帮忙查阅资料进行调查以写出更科学更理性的建议。

（5）建议反馈到提问的学生手中。

（6）在认真阅读的基础上，根据自己的收获和受到启发的程度，提问的同学可以推荐自己收到的建议参与金点子评选。

（7）全班同学进行金点子的评选。

第十一章

路在脚下

【教学背景】

著名的爱国人士李宗仁先生曾说过，如果我们一个人能从 80 岁活到 0 岁，一定会聪明很多。因为当我们知道老了会怎样以后往往会更清晰眼前的人生选择，减少很多迷茫和困惑。

虽然我们无法从老活到少，我们无法知道人生会发生什么。但是我们却可以在高中阶段试图去了解自己想要的人生，并通过科学的生涯规划和具体而踏实的行动来实现生涯发展成功。

西方有一句谚语说:“如果你不知道你要到哪儿去，那通常你哪儿也去不了。”人生规划既是一个实现终生目标的时间表，也是一个实现那些影响日常生活的无数更小目标的时间表。人生规划的设计使注意力集中起来，在一个特定的时间范围里充分地利用脑力和体力。事实上，注意力越集中，脑力和体力的使用就越有效。职业是一个工具，是帮助实现终极目标的工具。因而规划自己的职业的重要性，就像将军筹划一场战役一样，也像一个足球教练确定一场重要比赛的作战方案一样。

职业的准备不同于考试的准备，是一种全方位的准备，是关于人生规划的重要部分的内容。在进行本节课的内容之前，与学生探讨了价值观的选择，进行了职业个性的测试与分析，探寻并理清了他们想要的成功……使学生在了解自我和了解职业现状的基础上，进入本节课关于职业成功和具体规划的内容。

本课着眼于职业生涯规划。活动伊始，通过几个名人职业的猜测以及哈佛学子的一项调查强调生涯规划的重要性，然后引导学生在之前课程学习的基础上进行远期、中期和近期三年高中的具体规划，形成职业生涯规划的金字塔。但是生涯规划虽然是必需的，但是却无法决定生命质量，真正决定生命质量的往往是一步步具体行动。最后通过一些故事的分享，来学习在高中阶段如何进行职业生涯规划，并引导学生落实到高考志愿填写方面。

【教学设计】

教学目标

（1）了解职业生涯规划不同阶段进行的内容安排，形成职业生涯发展规划的金字塔。

（2）引导学生对高中三年进行具体的规划并落实到行动。

（3）通过生涯发展的具体规划激发学生对生命的热爱和积极憧憬。

教学对象

高中学生

教学准备

（1）请学生根据自己的意愿调查一位职业人。

（2）访谈同龄人和学长在进行高考志愿产生的困惑以及解决方法。

（3）职业成功场景背景图片的准备。如果有条件，可以寻找一些搭配衣服软件帮助学生更好地完成着色。

教学过程

（一）讨论引入

1. 猜猜他们的职业

（1）“猫王”成名前是：

A. 渔民　　B. 卡车司机　　C. 调琴师

（2）在她成为巨星并改为“玛丽莲·梦露”之前，诺玛·吉恩·默顿森在哪儿上班？

A. 冰激凌店　　B. 加油站　　C. 军工厂

（3）塞缪尔·莫尔斯，莫尔斯电报的发明人，以前并不是研究电报系统的，他最初的职业是：

A. 山羊农场的场主　B. 艺术系教授　　C. 芭蕾舞演员

（4）麦当娜在成为万人瞩目的明星前，在什么地方打工？

A. 服装店　　B. 咖啡厅　　C. 油炸圈饼店

（5）肖恩·康纳利在扮演 007 之前，靠什么为生？

A. 卖眼镜　　B. 沿街兜售冰激凌　C. 给棺材刷油漆上光

答案分别是：BCBCC

这种情况并不少见，旭日阳刚组合中的两个人都是农民工；新加坡的著名歌手阿杜，原名杜成义，出道之前是建筑工人……

2. 哈佛精英的人生轨迹

1970 年，美国哈佛大学对当年毕业的天之骄子们进行了一次关于生涯规划的调查：27% 的人，没有目标，没有规划；60% 的人，目标模糊，规划不具体；10% 的人，有清晰但比较短期的生涯规划；3% 的人，有清晰而长远的生涯规划。

1995 年，即 25 年后，哈佛大学再次对这一批 1970 年毕业的学生进行了跟踪调查，结果是这样的：3% 的人，25 年间他们朝着一个既定的方向不懈努力，现在几乎都成为社会各界的成功人士，其中不乏行业领袖、社会精英；10% 的人，他们不断实践着自己的短期规划，成为各个行业、各个领域中的专业人士，大都生活在社会的中上层；60% 的人，他们安稳地生活与工作，但都没什么特别突出的成绩，他们几乎都生活在社会的中下层；剩下那 27% 的人，他们的生活没有规划，过得很不如意，并且常常在抱怨他人、抱怨社会、抱怨这个不肯给他们机会的世界。

3. 讨论

一方面是英雄不问出身的现象，一方面是哈佛精英的调查，引导学生思考：

你怎么看这两种情况？

那些成功的人，是什么促成他们取得成功？

那些感觉自己不成功的人，是什么使得他们未实现成功？

要实现自己的成功梦想，最重要的恐怕是对自己人生的清晰规划，以及从现在开始努力的具体行动。

（二）规划未来

现在请同学们想象一下，你的职业成功发展在什么时候，达到怎样的状态？可以尽力想得具体一点儿。

你当时正在从事的工作：岗位、具体内容；

你当时的职业状况：收入、学历、拥有的能力等；

你个人的状态：表情、衣着、发型和自我评价等；

旁边的环境：周围有些什么人，他们都在做什么？

在展望未来的基础上，请同学们继续规划一下，要实现这样的状况，从现在开始，我们可以为那一天的成功做什么样的准备：进行哪些准备和积累，需要参加什么学习和培训，每一项内容分别通过什么方式进行多长时间的积累？比如，有同学说，为了锻炼自己的组织能力，她参加了社团部长竞选并成功。当然，我们还需要学习、实践等方面的准备，越具体越好！

接下来，就是拼图的过程，把需要进行的培训和实践安排进合适的年龄阶段。拼出来的就是我们职业生涯规划的金字塔了！

职业生涯规划的有以下几阶段

生涯规划 设定整个人生的发展目标。如规划成为一个有数亿资产的公司董事。

长期规划 5 ~ 10 年的规划，主要设定较长远的目标。如规划 30 岁时成为一家中型公司的部门经理，规划 40 岁时成为一家大型公司副总经理等。

中期规划 一般为 2 ~ 5 年内的目标与任务。如规划到不同业务部门做经理，规划从大型公司部门经理到小公司做总经理等。

短期规划 2 年以内的规划，主要是确定近期目标，规划近期完成的任务。如对专业知识的学习，2 年内掌握哪些业务知识等。

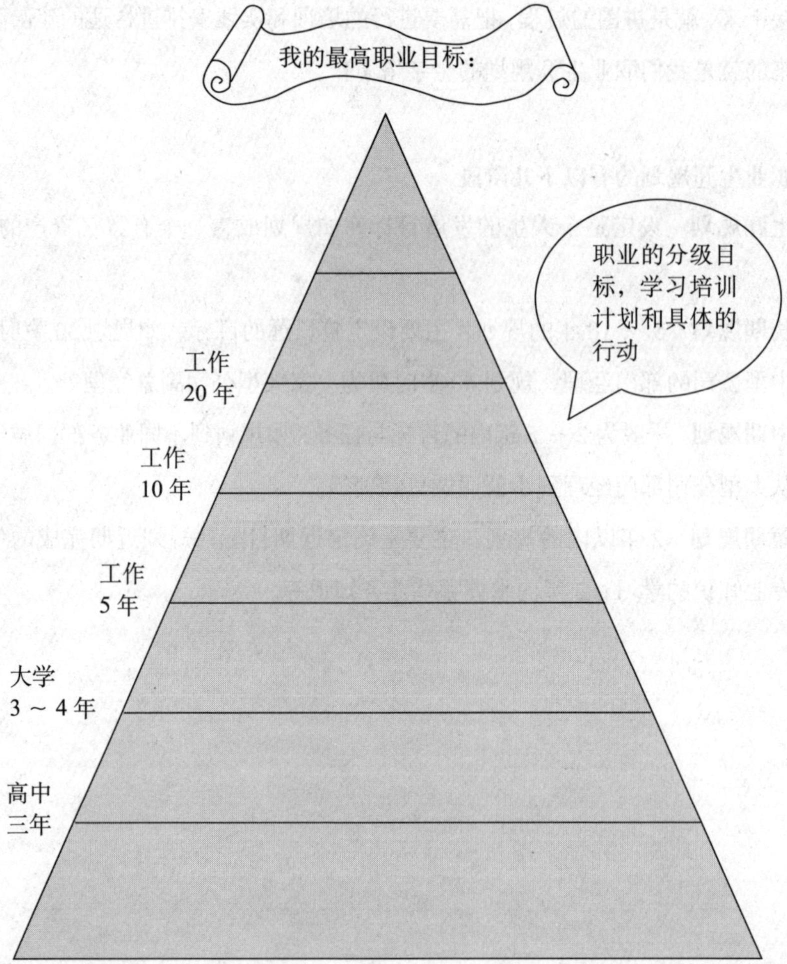

（三）行动今天

生涯需要规划，但不是规划出来的

美国通用汽车的CEO理查德·瓦格纳在母校杜克大学为毕业生作演讲，题目叫“不要过度规划你的未来”。演讲中他给青年才俊们的建议是：不要过度规划你的生活，虽然规划未来很重要，但万事皆在变动，无法预料的各种机遇将不断出现在你面前。因此，尽量把手头上的事做好，当机会出现时，保持一颗开放的心。

美国前总统乔治·沃克·布什在耶鲁大学毕业典礼上也作过一次演讲。他说：当我毕业离开这里时，我没有详细地规划过未来的生活。我认识一些人，他们认为自己作过规划。但事实证明，在人生道路上我们免不了要经历坎坷，这其中许多坎坷是我们无法预料的。生活有其自身的轨迹，生活有其自我的需求，生活有其自主的故事。走过漫漫人生路，才开始意识到自己并不是人生这本书的作者。我们开始明白，人生是用来经历而不是用来虚度的。人的一生最大的回报来自于对所爱之人以及值得为之牺牲的事业全心全意的无私奉献。我希望我们每个人都能了解这些回报，并在人生的道路上用自己的方式来寻找它们。

这些大人物反复告诫我们，人生不是规划出来的，谁都不知道自己未来要做什么。就像国际原子能机构主席巴拉迪所言，他热爱并专注地攻读法律，一直读到了博士毕业，是希望做个出色的律师，但如今却因为核武器方面的工作而让自己名扬天下。

生涯需要规划，目标需要具体化，但是生命的质量却是靠眼前一步步踏实的行动走出来的。从现在开始我们可以进行哪些努力？

分享下面的故事，进一步规划高中三年你希望有哪些具体行动来实现你的生涯发展准备和探索。

有一些放弃：

职业玩家

第一次听到“职业玩家”这个词，是在好几年前的一次心理咨询中，出自一位高二的男生口中。这位重点高中的男生迷上了网络游戏，而且立志成为一位真正的“职业玩家”。这可把父母吓坏了，但是儿子很坚持自己的选择。于是这个家庭陷入了缘于未来可能性的激烈之争中，于是就有了这次咨询。男生问我，老师，你知道“职业玩家”吗？我说，这的确是我第一次听到“职业玩家”这个词，你能具体说说看吗？于是男生很热心地向我介绍他所了解的“职业玩家”。听着男生的介绍，我的大脑整理着这些信息。以我多年进行的职业生涯发展咨询经验来看，这些信息都太主观，也太零碎。

为了帮助男生和我都能客观地分析“职业玩家”这个职业，我们一起商定了一项任务——完成一份关于“职业玩家”的职业信息调查，要求尽可能地了解到与“职业玩家”相关的系统而客观的信息。男生看着那份职业信息调查表，过了好一会儿，他认真地说：“老师，这有难度。但我会尽力！”我说：“是的，这的确不容易。但既然这是你选择的职业，当然需要对它有一个清晰的了解。”

两周后，男生又坐到了我面前。看着这份完整的职业信息调查表，我的内心充满了感动，我看到一颗学业如此繁重却仍然充满了理性的炙热的心。出乎意料的是，在这份调查表后面男生留给我的话：老师，调查好了，我也准备放弃“职业玩家”这个理想了。当我真正全面了解了“职业玩家”的工作性质以后，我发现自己喜欢的是游戏创作，而不是“职业玩家”。所以我希望将来能学习计算机相关的专业，成为中国优秀的游戏创作人员。

(1) 你觉得是什么令这位同龄人放弃了“职业玩家”的梦想？

(2) 你会怎样评价他的“放弃”？

有一些调整：

理想是厨师，专业是会计

职业生涯发展通常会用一种毕生发展的理念来引领选择，也就是说，为将来要成为怎样的职业人而分析每个时间阶段最适合积累什么。根据调查，很多中职一年级的学生都会碰到专业不是其所喜欢的困惑，或者即使是自己喜欢的专业，也感觉离自己的理想很远。怎么解决这样的烦恼？请看英的故事。

英是一个瘦弱的女生，走进心理咨询室的时候眼中带着迷茫，但也透着倔强。

“老师，我喜欢烹饪，也希望自己将来成为好的厨师。厨师这份工作看起来不那么光鲜亮丽，但是我喜欢这样踏踏实实的事情。我进A学校学习的目的很简单，这个学校的厨师专业挺好，将来工作也相对好找……”说到这里的时候，英的声音突然降了许多，也透露出了无奈：“可是，我的父母却不能理解我，硬逼着我选了会计专业。他们说会计靠资历，工作也稳定，适合女孩子……”

英摇了摇头，带着苦恼继续说：“可是，适合女孩子的未必适合我呀，而且也不是我想要的呀！老师，我刚进学校两个月，却已经想退学了，剩下的两年多还怎么过啊？”

在老师的指导下，英从毕生发展的角度来思考这个问题，希望自己将来成为一个好的厨师，在一份比较好的酒店里面享受烹饪；希望能有一定的经济头脑，除了会工作还会理财，帮助自己财富增长；希望成为一个好的母亲和妻子，很好地打理家庭生活。

英对自己进行了三年的学习规划和具体行动：

中职三年的职业学习目标：厨师技能、理财本领和统筹安排能力		
学习内容	阶段	途径
厨师技能	中职三年	厨师技能培训班
理财本领	中职三年	会计专业经济和理财等内容的学习
统筹安排能力	中职三年	帮助母亲安排一些家庭事务；竞选学生会

最后，经过三年的专业和课外学习，英顺利毕业，取得了会计证书，并成为了一名点心师。

调查

调查你感兴趣的工作方面的职业人和成功的职业人，帮助你更了解职业和社会环境。

在网上或者实地调查一些大学和专业的情况，帮助你在填报高考志愿时有更多直观的认识。

调查一些你的学长，了解他们在进行填报高考志愿时的困惑以及调整的方法。

根据这样的格式，你觉得生涯发展的具体行动还可以有哪些？如果可以的话，你还可以分享能表达你观点的一些故事。

有一些（　　）　故事：

有一些（　　）　故事：

有一些（　　）　故事：

【教学反思】

美国著名的心理学家班杜拉提出：很重要的学习方式是通过榜样模仿示范学习。面对生涯规划和发展，一直走到高中阶段，我们的学生了解的职业人，往往就集中在家族中人和学校的教师，很少有机会了解将来要进入到职场中的各行各业，各人各类。于是职业规划往往就是浪漫王国里面的空中楼阁。本课提到的“职业玩家”故事就是来自于学生的真实事件。

要帮助学生切实地了解自身的职业规划，帮助学生了解各种职业信息，接触各种行业的人就变得很重要。如何实现，主要是调查、搜集并分析各种信息，或实际接触到一些职场人。

所以上课之前，笔者要求学生进行了相关的访谈：有的学生访谈自己喜欢职业的具体某个人，有的学生网上搜集感兴趣职业的详细信息，有的学生电话访谈某职业规划师和心理咨询师，有的学生就直接访谈某个热门或冷门行业的职业人，比如有学生访谈了环卫工人。访谈之后是写调查报告，然后就是在全班同学面前进行对访谈信息的介绍。这一堂《美丽人生》的前言课学生听得很安静，每位同学介绍完以后掌声都很热烈！

笔者经常想，我们让学生亲历社会的机会是不是太少，我们去指责他们沉浸在自己的理想国里面的时候，有没有想过其实他们只了解这个理想国，他们没有机会去了解职场世界。

【教学建议】

(1) 在请学生做《猜猜他们的职业》这部分内容的时候，我们可以用这些名人，但考虑到这些名人未必是学生知道的。教师可以走进学生去了解一下他们崇拜的偶像中有没有这样类似的案例。目标是帮助学生思考，美丽人生未必一开始就要灿烂，帮助我们人生变得美丽的更是自己一步一个脚印的努力和科学的生涯规划。

(2) 请学生为自己成功的那一天进行着色的时候，需要强调的是感觉自己最成功的状态，代表着实现最高职业目标的状态。有一些学生可能会说现在就很成功，或者说我不清楚自己成功的状态，教师可以加以适当的引导，但最终请尊重学生的选择——怎样才算成功由学生自己来决定。因为成功本来就没有固定标准。

(3) 在完成《职业生涯规划金字塔》时候，填写的是具体的目标和行动，行动包括实践和培训。教师可以对学生进行以下的提醒：

- 用肯定的语气来预期你的结果，说出你希望的而非不希望的；
- 结果要尽可能具体，还要明确订出完成的期限与目标；
- 事情完成时你要能知道完成了；
- 要能抓住主动权，而非任人左右；
- 是否对社会有利。

(4)《行动今天》部分，在搜集行动建议和故事的时候，要尽可能引导学生明白并具体化自己的行动。比如有学生会填写，有一些体育锻炼。通过故事来表述理由之后，可以引导学生列出高中阶段的体育锻炼计划，并提请学生通过自我督促实行。美丽的人生往往就是在一朝一夕的安排和努力之中完成的。

【教学资源】

人生规划：事业成功的导航仪

缺乏一个明确的梦想，即对人生没有一种设计，或许正是你很少得到提拔和不能够赚到更多金钱的原因。几年前，美国作家盖尔·希伊出版了一部畅销书，书名叫《开拓者们》，他在撰写这部书的时候，通过一份内容十分广泛的“人生历程调查问卷”，间接地访问了6万多个各行各业的人士，他发现那些最成功和对自己生活最满意的人至少有两个共同的特点：第一，他们喜欢有更多的亲密朋友；第二，他们都致力于实现一个其实际能力所难于达到的目标。根据希伊的研究，这些开拓者们觉得他们的生活很有意义，而且比那些没有长远目标驱使其向前的人更会享受生活。正如一句谚语所说的：“如果你不知道你要到哪儿去，那通常你哪儿也去不了。”

人生规划既是一个实现你终生目标的时间表，也是一个实现那些影响你日常生活的无数更小目标的时间表。人生规划的设计是要使你的注意力集中起来，在一个特定的时间范围里充分地利用你的脑力和体力。事实上，注意力越集中，脑力和体力的使用就越有效。人生规划可以合理地分配你的精力。以下是人生规划设计的六个步骤。

步骤之一：发现或搞清楚你的主要人生目标是什么。

所谓主要人生目标，应该是一个你终生所追求的固定目标，你生活中其他的一切事情都围绕着它而存在。对于一些人来说，这个工作是一个自我发现的愉快的过程；但对于另一些人来说，它也许更是一个痛苦的过程。因为他们需要把其心绪拉回到年少的时代，在那个时候他们还没有对自己的梦想产生疑惑。为了找到或找回你的人生主要目标，你可以问自己几个问题。比如“我是谁？”“我想在我的一生中成就何种事业？”“临终之时回顾往事，一生中最让我感到满足的是什么？”“在我的日常生活中哪一类的成功最容易使我产生成就感？”，等等。

也许你很快就可以知道你的终极目标是什么，但是大多数人则不是这样的。他们在找到自己的终极目标之前往往需要在不同的场合对自己重复上面的这些或其他类似的问题。每一次向自己提出这样的问题的时候，随意地记下你的所得。开始的时候，它们可能没有什么意义，但是，多次的累积会让你茅塞顿开。

幸福的人通常是这样一类的人，即他的职业和生活方式与他的生活目标相一致。比如，一个有着很强组织意识、文字天赋和教诲倾向的人，就很可能从编辑、教师等职业生活中得到最大的满足。

步骤之二：当你能够用一个简单的句子表达出你的人生目标的时候，那么你就该着手准备实现这项目标了。

在这方面，职业的选择就是你要着重考虑的问题。你应该知道，职业是一个工具，是帮助实现你终极目标的工具。你规划自己的职业生涯的重要性，就像将军筹划一场战役一样，也像一个足球教练确定一场重要比赛的作战方案一样。

你可以问自己："我的职业正在帮助我实现人生的最终目标吗？"如果答案是否定的，那就干脆重新更换职业。倘若更换职业是不现实的，那你可再进一步问一下自己："是否有一种途径可以让我现有的职业与我的人生基本目标一致起来？"对于第二个问题，答案常常是肯定的。例如，一个事业有成但又并不满足物质上富有的律师，他可能会利用他的部分精力做些公益事情并从中得到精神满足。又比如一个受雇于一家大公司的审计师可能会在工作之余到附近一所大学当兼职教授，从把实践经验概括成理论的讲授过程中得到他在日常枯燥工作中得不到的满足。

最理想的职业方面的人生规划，应该是在你从学校毕业之时就开始进行了的。在这个时候，只要你心中明确你的人生大目标，你就会知道你要选择或接受什么样的一份职业。毫无疑问，你会选择那份将有助于你实现人生目标的职业。

不过，我们也该谨记：只要你还没到安享晚年的地步，任何时候开始你的职业规划都不为晚。无论你是 20 岁左右刚刚踏上职业征程的年轻人，还是 40 岁左右并且陷在一份你不喜欢的工作之中的中年人，现在仍然是你进行职业规划的好时机。

步骤之三：在弄明白了你的职业将会帮助你实现人生更大的目标之后，你就应该着手考虑你的人生和职业规划中的具体细节了。

你需要有一个详细的个人职业发展计划。这个计划可以是一个五年的计划，也可以是一个十年、二十年的计划。不管是属于何种时间范围的计划，它至少应该能够回答如下问题：1. 我要在未来 5 年、10 年或 20 年内从事什么样的一些职业或个人的具体目标？2. 我要在未来 5 年、10 年或 20 年内挣到多少钱或达到何种程度的挣钱的能力？ 3. 我要在未来 5 年、10 年或 20 年内有什么样的一种生活方式？

对于这些问题的回答将给你提供一份有关你自己的短期目标的清单。在形成这些目标的过程中，不要纯粹地依靠逻辑思维。这一类的抉择，需要发挥你的创造力，应该把你的情绪、价值和信仰等因素全部调动起来。如果你是已婚者的话，你还需要考虑你的配偶的情绪、价值和信仰等，因为在任何的重要抉择中，他（她）总是影响你个人生活的一个部分。

步骤之四：在形成了上面的具体的短期的目标之后，你应该策划一下如何去达成它们。

比如，你现在是一个中层的管理人员，你的5年、10年或20年个人职业发展规划要求你成为一个高级主管。那么，怎么才有可能实现你的目标呢？如果你能够回答好如下的各项问题，那么你就应知道自己该怎样做了。这些问题是：

(1) 我需要哪些特别的训练才能使我够资格做一名高级主管？

(2) 我该增加哪些书本知识？

(3) 为使自己目标达成，我需要学会处理哪些问题？

(4) 我目前的上司在这方面和我的关系如何？

(5) 在目前的这个公司我最终成为高级主管的可能性有多大？在这里的机会是否比在其他公司更大？

(6) 得到这份职位者的一般教育程度、经验水平和年龄层次是怎样的？

步骤五：行动

这是所有步骤中最艰难的一个步骤，因为要求你停止梦想而切实地开始行动。我们知道良好的动机只是一个目标得以确立和开始实现的一个条件，但不是全部。如果动机不转换成行动，动机终归是动机，目标也只能停留在梦想阶段。要想实现人生的终极目标，有两个方面的“陷阱”需要谨慎避免，一个是懒惰，另一个是错误，哪怕是小的错误。懒惰是事业成功的天敌。

很多人不息地奋斗一辈子都没有能够完美地实现自己人生目标，更不用说懒惰者了。要想有一个无悔的人生，除了认准目标外，还要集中精力全力以赴。在实现人生终极目标的过程中，难免受到各种妨碍或各种诱惑，任何闪失或偏差都会使你远离你的既定目标。然而，人非圣贤，谁人无过？只是在通往理想的艰难跋涉途中，尽可能少地犯错误。这样就可以尽可能快地达到你的目标。

步骤之六：不断地修改和更新你的人生和职业发展目标。

人生目标的确定往往是基于特定的社会环境和条件的。这样的环境和条件总在变化，确定了目标也应该做出修改和更新，况且这样的目标虽然写出来了，但是并未镶刻在石头上，它的存在只是为你的前进提供一个架构，指示一个方向。你是它的创造者，你可以在它看起来正把你引向歧途的任何时候更改它。

主要参考文献

1. 沈之菲编著，生涯心理辅导，上海：上海教育出版社，2000
2. 林清文著，大学生生涯发展与规划手册，台湾：心理出版社股份有限公司，2000
3. 黄天中、吴先红主编，生涯规划—体验式学习（中学版），北京：北京师范大学出版社，2010
4. 吴芝仪著，我的生涯手册，北京：经济日报出版社，2008
5. 【美】理查德·尼尔森·鲍利斯、卡罗尔·克里斯汀、吉恩·布鲁姆奎斯特著，你的降落伞是什么颜色（学生版），柏静静译，北京：中信出版社，2010
6. 【美】戴安·萨克尼克、威廉·班达特、丽莎·若夫门著，职业指导—职业生涯规划教程（第七版），中国就业培训技术指导中心．北京大学学生就业指导服务中心组织翻译，北京：中国劳动社会保障出版社，2005
7. 【美】洛克，把握你的职业发展方向（第 5 版），钟谷兰、曾垂凯、时勘等译，北京：中国轻工业出版社，2006
8. 肖建中，职业规划与就业指导，北京：北京大学出版社，2006
9. 吴增强主编，高中生心理辅导指南，上海：上海科技教育出版社，2007
10. 【美】彼得森、冈萨雷斯，职业咨询心理学—工作在人们生活中的作用，时勘等译，北京：中国轻工业出版社，2007

万千教育

班主任专业发展书目

书号	书名	著、译者	定价(元)
中学生心理健康教育主题课程设计丛书			
0059	中学生心理课——生涯发展	廖丽娟　等　编著	28.00
0060	中学生心理课——情绪管理	杨红梅　等　编著	32.00
0185	中学生心理课——综合篇	中学生心理课综合篇教研组	52.00
中学生心理健康教育主题课程设计丛书合计			112.00
班主任工作理念与方法			
2877	班主任工作的60个“鬼点子”	刘坚新　郑学志　编著	52.00
2879	班主任与家长沟通的艺术 ——创建优质家校关系的60个策略	郑学志　著	52.00
2204	做一个会“偷懒”的班主任（第二版）	郑学志　著	48.00
1708	怎样教授道德才有效 ——德育心理学家给教师的建议	杨韶刚　等　译	48.00
1709	学生特殊问题发现与应对 ——给普通教师的建议	昝　飞　等　著	48.00
7316	把班级还给学生 ——班集体建设与管理的创新艺术	郑立平　著	26.00
7344	遭遇问题学生 ——问题学生的教育与转化技巧	万　玮　编著	25.00
7317	魅力班会是怎样炼成的	杨　兵　著	25.00

8631	家校沟通，没有痛过你不会懂 ——知名班主任梅洪建的心路历程	梅洪建　著	32.00
0539	如何上好班级心理辅导活动课 ——钟志农答疑50问	钟志农　著	42.00
9902	德育主任新方略	丁如许　著	32.00
8611	班主任工作中的心理效应	刘儒德　主编	35.00
1135	班主任有效沟通的艺术与技巧	李进成　著	36.00
0541	班主任如何破解德育低效难题	赵　坡　著	35.00
9135	班主任，青春万岁——王君带班之道	王　君　著	34.00
8770	班主任如何带好差班	赵　坡　著	30.00
8309	扶年轻班主任上马	王　莉　著	38.00
7926	教师必须掌握的教育惩戒艺术	郑立平　等　著	28.00
7928	做一个聪明的班主任 ——对常见七类学生的教育艺术	郑立平　等　著	28.00
班主任工作理念与方法合计			694.00
中学/中职班主任专业技能			
0938	好班是怎样炼成的 ——中学班主任班级建设之道	谢　云　主编	38.00
0061	中学班级心理辅导活动60例	杨敏毅　等　著	35.00
9882	初中主题班会设计技巧与优秀案例	郑学志　主编	34.00
9056	高中主题班会设计技巧与优秀案例	郑学志　主编	32.00

……